WINE GUIDE

轻松学喝葡萄酒

葡萄酒
商务礼仪一本通

［韩］ 金基财 著
李香善 译

浙江科学技术出版社

作者序

商务成功的好帮手——葡萄酒

　　成熟葡萄酒的魅力在于掌握平衡的味道。一瓶葡萄酒要经过长时间的酝酿才能换来最好的味道，而我为了写好这本书，同样汲取了酿制葡萄酒的精神，希望我的点滴努力能够得到读者们的认可。

　　我第一次做有关葡萄酒的演讲，是在韩国三星人力开发院的专门课程上。当时那些听完课的人们挽留我说："下周我们大家都要出国了，不能这么一知半解就启程了呀。"所以，那次完成了原定3小时的授课后，我仍留在教室里继续接受大家的提问。

　　只要想到那时，我就会不自觉地感到脸红心跳——当时的我就如同向抗日出征的战士们做最后的演讲一样激情洋溢。

　　事实上，我本人是因使命感而开始从事葡萄酒事业的。偶然的一天，我在同从事金融事业的老公的交谈中，领悟到了如何在西方主导的世界中经营象征着精神文化的商品——葡萄酒。我认识到对于没有丰富的自然资源而只有人力资源的我们来说，最迫切的是培养出精明干练、有战略性、有绅士风度的世界公民。

　　正因如此，我出版了《用葡萄酒提升商务品质》这本书。此后一年间，我为《经济学人》（韩文版）撰写专栏文章，成为韩国国内第一个开辟葡萄酒专栏的人，并且从2003年1月开始至今一直为三星经济研究院的网站（www.sericeo.org）服务，借此平台传播葡萄酒知识。

我以全球各领域的高层为对象,进行了无数次有关葡萄酒商务礼仪的演讲。葡萄酒已经成为国际商务领域以及外交场合首选的酒饮,在韩国的商务领域,葡萄酒的地位也变得越来越重要。葡萄酒礼仪既能成为商务成功的秘诀,也可能是失败的原因。

在这种大环境下,有人说,了解葡萄酒太难,所以一直苦恼怎样才能更加有效地了解葡萄酒文化。正因为切身体会到了葡萄酒在商务活动中的重要性,我才想要在此书中讲述更深层次的葡萄酒商务礼仪知识,以便向商务人士提供必要的帮助。

但是这一愿望并没有很好地实现。现在,我重新审阅原稿,虽然不知拙稿是否达到了此前的目标,但还是希望此书能向商务人士传达正确的葡萄酒知识,并且殷切希望此书能成为好帮手,帮助他们成就事业。为了祈祷大家的事业马到成功,让我们共举葡萄酒干一杯吧!

帮助成就愉快人生和成功商业的

你一生的葡萄酒伙伴 Cep D'or

金基财

Contents

作者序

Chapter 1
成功的商务人士如酿造精良的葡萄酒

成为一名世界级领袖的条件与葡萄酒的三部曲　8
初识葡萄酒，需动用五官去感受　14
透过葡萄品种了解商务人士的性格　22
表达葡萄酒的味道与商务人士的沟通战略　30
葡萄酒杯与商务人士的作用　35
葡萄酒的酒标　40
生产年份表和商务人士的用兵术　45
葡萄酒的发酵和保管　50

Chapter 2
世界著名葡萄酒的全球化市场营销

旧世界葡萄酒和新世界葡萄酒　57
以历史和传统为荣的旧世界葡萄酒　59
大宝庄园·品牌名称成为成功的钥匙　60
玛歌堡·以不变的传统铸就传奇　64
木桐酒庄·以不知疲倦的冒险精神获胜　68
柏图斯酒庄·最高价格的保证　76
罗曼尼·康帝·稀缺的好酒　80
伏旧园·以匠人精神成就国宝级葡萄酒　84
香贝丹·因拿破仑而成名　87
薄酒莱·丑小鸭华丽逆转成为白天鹅　90

教皇新堡酒·以历史性事件与伟大的顾客相遇　94
唐·培里侬香槟·以宣传创造历史　98

法国葡萄酒的故事　104
迟摘酒·失误造就的伟大　110
超级托斯卡纳·由"异教徒"引发的意大利葡萄酒革命　116
波特酒和雪莉酒·以贸易决胜负　120

新世界葡萄酒的挑战精神　125
美国加州葡萄酒·旧传统与新技术的相逢　126
活灵魂·旧世界与新世界的合作　131
奔富农庄酒·以热情创造澳大利亚风格　135
长相思酒·神秘主义战略结合绿色营销　138
门多萨·无公害清静之所　141
Cape Blend·新旧的协调　145

Chapter 3

为国际商务人士准备的实战葡萄酒MBA

什么是Business Wine　151
完全征服商务宴请　152
商务餐桌上的葡萄酒礼仪　163
提升主人主动权的葡萄酒准备　167
葡萄酒礼仪之花——主人试饮　172
开启葡萄酒和拔出香槟的瓶塞　177
以精彩的干杯吸引观众　184
以实际行动学习葡萄酒商务实战技巧　190
优雅的商务协调者——高尔夫与葡萄酒　198
云中晚餐，在飞机上体验葡萄酒商务　201
别出心裁的礼物——葡萄酒　204
葡萄酒大师的七个忠告——葡萄酒酒道　209

致谢

波尔多葡萄酒联合会(CIVB/A. Benoit) 提供

Chapter 1

成功的商务人士如酿造精良的葡萄酒

成为一位成功的商务人士，
酿造一瓶品质出色的葡萄酒，
两者均需要时间的历练，付诸许多精力。
一位伟大的商务人士与一瓶味道醇厚的
葡萄酒有异曲同工之妙。

并非四部曲,而是三部曲

波尔多葡萄酒联合会(CIVB/A. Benoit)提供

成为一名世界级领袖的条件与葡萄酒的三部曲

当我们品尝一杯优秀的葡萄酒时,通常会用"和谐平衡"(Well-Balanced)或"味道均衡"等语言来形容。在遇到一般的葡萄酒时也会使用其他语言来表达,比如"味道为何如此生涩,这么苦""太酸,不符合我的口味""太甜,像蜜一样""味道淡如水"。这样的葡萄酒就像失去和谐与平衡感的服装设计一样,怎么试穿也找不到舒服的感觉。味道失去平衡的葡萄酒本身的优点完全被突出的缺点所遮盖,个性全无。葡萄酒里所有的味道与体验并非简单混合并任由其独立存在,而是相互作用着,最后衍生出综合、复杂的新味道。

单宁、酸度、甜味的和谐共存

用一句话概括葡萄酒的优劣就在于"和谐与平衡"。"和谐"(Harmony)与"平衡"(Balance)可以用一个三角关系表示出来。单宁(Tannin)是葡萄酒还未成熟时,好比吃涩柿子一样猛地紧一下口腔的感觉,抑或可以形容成没有完全成熟时所能感受到的像丝绸一样柔滑和富有高级感的苦味;酸度(Acidity)是给予新鲜感与清凉感的酸味;甜味(Sweetness)则可以描述为柔和或绵甜感。葡萄酒的味觉特点就取决于酸味、甜味以及单宁的苦味形成的平衡与和谐感。评价葡萄酒口感好坏的最佳尺度便是和谐与平衡的程度。

在这个三角关系中,无论力量向哪一方倾斜,味道都会跟着失去平衡。单宁太少,口感就会失去厚重感,但过多也会让口感发涩而不够顺滑;酸度太小会让葡萄酒淡而无味,如果过酸则会让口感太过刺激;葡萄酒的酒精度太低会让其失去劲道,但度数太高也会让其过于灼热。

无论是9美元左右的葡萄酒,还是900美元左右的葡萄酒,均脱离不了"和谐与平衡"这一规律,区别仅仅在于三角形的大小有所不同而已。价格昂贵且名气响亮的葡萄酒,其价值首先在于三角形本身的形状很客观,并且三方势力十分均衡,不偏不倚。有些葡萄酒虽然价格低廉,但味道尚可,这些葡萄酒的三角形虽偏小,但三个点所构成的三角形也还算标准,维持着一定水准的平衡。

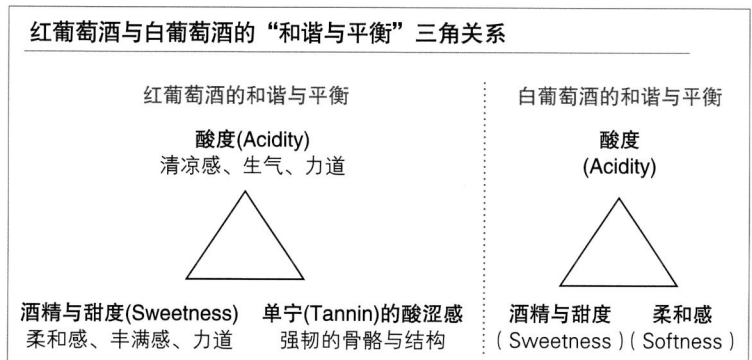

红葡萄酒与白葡萄酒的"和谐与平衡"三角关系

三角形面积的大小与葡萄酒的成熟度相关联。就像人要走向成熟一样，葡萄酒也是如此。原本发涩、发苦的味道经过岁月的洗礼，会变得丝滑绵柔；刺激性强的酸味也会变成让人心情愉悦的微酸。三角形面积较小的葡萄酒成熟速度快，因此生命周期短；相反，那些被划为特级酒庄级的高级葡萄酒，都是历经长时间的岁月积淀，慢慢成熟，由此才会诞生出富有深度的味道。像秋季速腌的即食泡菜一样，随酿随饮的薄酒莱新酿葡萄酒只有很短的生命周期；相反，像越冬泡菜一样，需要长时间酝酿方能成熟的特级酒庄级葡萄酒，其生命周期短则5年，长则可达50年时光。如果将薄酒莱新酿葡萄酒比作闪耀一时的流行歌手，那么特级酒庄级葡萄酒便是长时间盘踞在我们记忆中的常青树。总之，一瓶好酒要想味道醇厚，就必须经过岁月的积淀与洗礼。

普罗旺斯葡萄酒联合会（CIVP）提供

醇熟的葡萄酒同样需要历经锤炼

成功的商人都曾经历岁月的历练，穿越惊涛骇浪，才培养出了坚韧的企业家精神，增加了自身的厚重感。这些人现在看起来笼罩在成功的光环之下，个个都是领域精英，但他们的奋斗历程却不一定一帆风顺。特别是那些大器晚成型的商务人士，往往在迈向成功之路的过程中付出了比常人更多的努力，经历的人生也更为坎坷，经受了很多挫折的磨砺。葡萄酒亦如此。葡萄酒

在密封的木桶内准备蜕变为高级葡萄酒的准葡萄酒们。

也有属于自己的沉淀期。无论多么伟大的葡萄酒，在其走向成熟的过程中都要历经锤炼。特别是一些高级葡萄酒需要很高的成熟度，在其还属"年轻"的阶段，往往品尝不出它的高贵感，入口浑浊且未达平衡的阶段，即甜度、酸度、单宁、酒精、味道等尚彼此分离，还没有形成一个和谐共存的局面，这时候进行品尝往往感觉不到任何特点。可是一旦完成酝酿，这些彼此孤立的味道就会形成一个完美的组合，让你感受到整体感十足的口感。

只有经历上述沉淀期的葡萄酒才能成为高规格的品种，获得真正的"重生"。例如，澳大利亚的奔富农庄酒于20世纪50年代首次问世时其貌不扬，几乎无人问津。当时，该酒就饱受质疑，因而生产曾一度中断，但随着岁月的积淀，其品质逐步走向成熟，如今已经成为世界著名葡萄酒收藏家们炙手可热的藏品，每年都有大批的收藏家翘首等待年份足够的优质葡萄酒下线灌装。成功的商人要经历孤独、烦恼、挫折以及失败才能收获幸福的人生，逐步收获人生馥郁香。同样，如果将葡萄酒的甜味比作人生的幸福和满足、酸味比作事业上的成就与人生的感悟、苦味比作人生与事业上遭受的挫折与悲哀，那么这种酒中的酸甜苦辣一样需要岁月的搅拌与调和才能肆溢出醇厚的酒香。

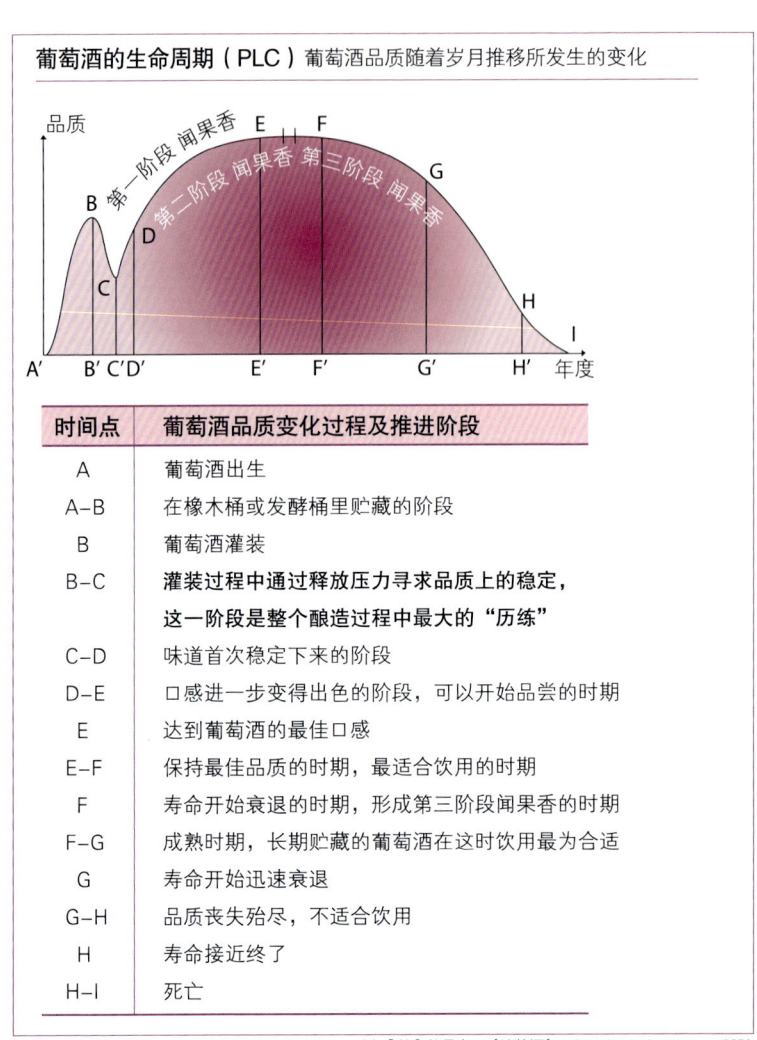

引自 [韩] 韩贯奎:《波特酒》, Grandes Mains Korea, P271

找寻属于自己的人生平衡点

韩国著名指挥家郑明勋先生曾写过一本名为《Dinner for 8》的食谱,他在序言中写道:"我一生追求人生的和谐与平衡,努力活得更加惬意,为此我找到了下厨这一秘诀。"郑明勋已经跻身大师行列,

Wine & Business

商务人士需要经历的三种失败

  一瓶高品质葡萄酒的诞生必须经历"逆境"与"历练",这样才能创造出和谐平衡的优秀口感。同样,一位成功的商务人士需要克服成功路上的三种失败方能得到升华。这三种失败分别是:人才的失败、财务的失败、战略的失败。曾经信任的手下爱将突然背弃自己导致的失败会让你认识到人才管理的重要性,同时让你懂得掌握核心技术的关键意义;而未曾预料的破产危机会让你重新整顿财务制度,加强财务管理;最后,因对自身技术的盲目自信以及错误的决策导致的战略失败会让你重新开辟出适合的市场,同时用更加准确的眼光审视企业的未来。不经历风雨,怎能见彩虹,无论是事业还是人生,任何事物的发展都需要经历足够的锤炼才能走向繁荣,酒与人生的道理是一样的。

在享受财富与名誉双丰收的同时,他通过为家人制作美食,配上美酒,达到人生的真正和谐与平衡。

  每个人都可以在自己的价值观里找寻人生的平衡点,你需要做的就是将自己认可的价值进行合理地组合,让价值观的结构更加合理。无论三角形的大小如何,只要结构向一侧倾斜,味道就会失去平衡,人生亦会变得不完整。

感性时代，商务人士要借助五感进行表达

波尔多葡萄酒联合会（CIVB/A. Benoit）提供

初识葡萄酒，
需动用五官去感受

  通常认为，人的感觉抑或感受能力是先天决定的，实则不然，这种认识并非完全正确。葡萄酒鉴赏专家只要品一口酒就知道此酒产自何地，用何品种的葡萄酿造，并大致判断出酒的储存年份，这一品鉴能力并非是与生俱来的。他们是通过无数次的训练才能练就这身本领，拥有异于常人的感受能力。

  而这种努力也并非只适用于形容葡萄酒品酒大师，那些拥有超越想象的时代感受力，并且顺应时代选择最佳发展战略，起用优秀人才造就成功范例的"企业达人"，他们成功的背后同样拥有常人看不到的付出。不难想象，成功的商务人士在事业上必然会经历各种选择，并且在这一过程中不知不觉练就了敏锐的商业嗅觉。成功的商务人士在企业运营中同样是绝顶敏锐的公司"品酒大师"。假如现在恰巧在你面前放有一瓶从未打过交道的葡萄酒,你该从何处下手进行判断呢?

用眼睛读出光泽与年轮

在商务场合,与人打交道时最先动用的感官便是眼睛。同样,在品尝一杯葡萄酒之前,首先要用眼睛读出光泽、透明度、黏稠度等葡萄酒的外观信息。视觉观察是了解葡萄酒特性、酿造程度等多样化信息的第一把钥匙。

首先往高脚杯里斟入约 1/4 杯葡萄酒,而后尽量找到一处白色背景,在背景前将酒杯倾斜 45 度,观察酒杯内的葡萄酒,这时会发现葡萄酒的色泽像光谱一样晕散开来。中间颜色深、越接近边缘颜色越浅、富有层次说明年份够久,而色相比较单调则说明这是一瓶"年轻"的葡萄酒。层次越丰富,越说明葡萄酒的酿造程度高,品尝的过程中也会散发出丰富的味道和香气。再有,也可以通过浓度来判断葡萄酒的年龄(酿造年份)。刚酿好的红葡萄酒会呈现出透着蓝光的深紫色,而随着年份的增加,会一点点变成红宝石色,继而淡化成砖红色。白葡萄酒则与此相反,开始会呈现草色,年份越久颜色越深,最后变成褐色。

葡萄酒色泽的光谱与浓度就好比是人生经历:光谱是"年轮",而浓度则是人生阅历积淀下来的那份豁达与从容。但这里面没有考虑天生的气质与成长过程,只是最基本的比喻。同人类似,葡萄酒的葡萄品种与酿造方法不同,对色泽与浓度都会产生影响。例如,较年轻的红葡萄酒会呈现出紫红、深红、红宝石等多种色彩,而一瓶成熟的葡萄酒则会呈现出红木、透着橘黄的红色、褐色等多种色彩。葡萄酒的颜色取决于葡萄皮与环境的接触,皮越厚,气候越温暖,颜色就越深。如果白葡萄酒呈现透着绿光的浅黄色,往往说明其产地气候寒冷,而一旦呈现出浓烈的深黄色,则说明其产地气候温暖,或其发酵过程是在橡木桶内完成的。再有,颜色较浓也可能是因为葡萄品种本身色泽就很深,例如琼瑶浆等葡萄品种。

接下来则是完成高脚杯内"挂杯"(swirling)这一动作(挂杯是指

通过五感试饮葡萄酒

❶ 在亮光下将葡萄酒杯端至与下眼角平行的位置,让白色背景衬在后面。
❷ 将葡萄酒杯倾斜45度左右,观察葡萄酒的整体颜色与底部颜色。
❸ 不要晃动酒杯,小心翼翼地闻其香气;而后让葡萄酒在杯中剧烈旋转,再次闻其香气。
❹ 含一口葡萄酒,而后吸入空气。
❺ 让葡萄酒在嘴里打转,试着咀嚼。

摇晃葡萄酒杯，让葡萄酒打转），观察酒滴贴着杯内壁滑落的痕迹。人们将这一痕迹称作葡萄酒的"杯泪"(tears)或"腿"(legs)，它代表葡萄酒的"力量"(power)。酒精度或甘油与糖的含量决定了挂杯的效果。为了提升葡萄酒的甜度而选取成熟度高的葡萄，或成熟度高的葡萄占比重较大，葡萄酒就会形成相对明显的杯泪，酒滴滑落的速度也会更加缓慢。

香气体现酒的内涵

人的嗅觉在所有感觉当中最为敏感。品红葡萄酒最重要的也是嗅觉。如同剥洋葱的过程一样，肉质最嫩且香气最浓郁的部分往往是剥到最里层的时候，优质的葡萄酒也会将酒香藏得很深，将自己的内涵一点点地释放出来。就像有时你遇到某人就会有那种一见如故的感觉，只是简单的交谈就会隐约感受到对方身上所积累的人生阅历，并且找到让你最为心动的人格魅力，虽然不能深入了解，但已经被对方的气质深深打动。

葡萄酒的香气分为果香(aroma)与酒香(bouquet)，以倒进玻璃杯的葡萄酒来说，直接散发出来的第一层香气便是果香，而酒香则是葡萄酒与空气接触的过程中散发出来的复杂香气。如果将前者形容为果香、野菜香、花香等具体和直观的香气，那么后者就是干草、红茶、蘑菇、腐殖土、烟草、加工的皮革、甘草、干果等更加复杂且多样化的成熟气味。

果香是比较容易分辨的，但酒香的鉴别就需要一定的功力。在农村度过幼年时光的人一定有

▲▲ 红葡萄酒的杯泪

▲ 白葡萄酒的杯泪

过点燃干草的经历，对那种干草的香气也会记忆犹新，相比在都市成长的人，对这种气味的感受能力也更加敏感。但如果乡下孩子在都市里读书工作，随着岁月流逝，对这种气味的敏感度也会下降，因此需要重新闻这种气味，不断加深对这种气味的辨识能力，对大脑反复地训练才能重拾这种记忆。

各种葡萄酒的香味，抑或是每个人所散发出来的美丽都不可能完全一致。但我们通常都能利用心理学方法对人的类型进行大致的区分，所以同样的，我们也可以借助香气轮盘（aroma wheel）对葡萄酒香气的类型进行大致区分。

香气轮盘

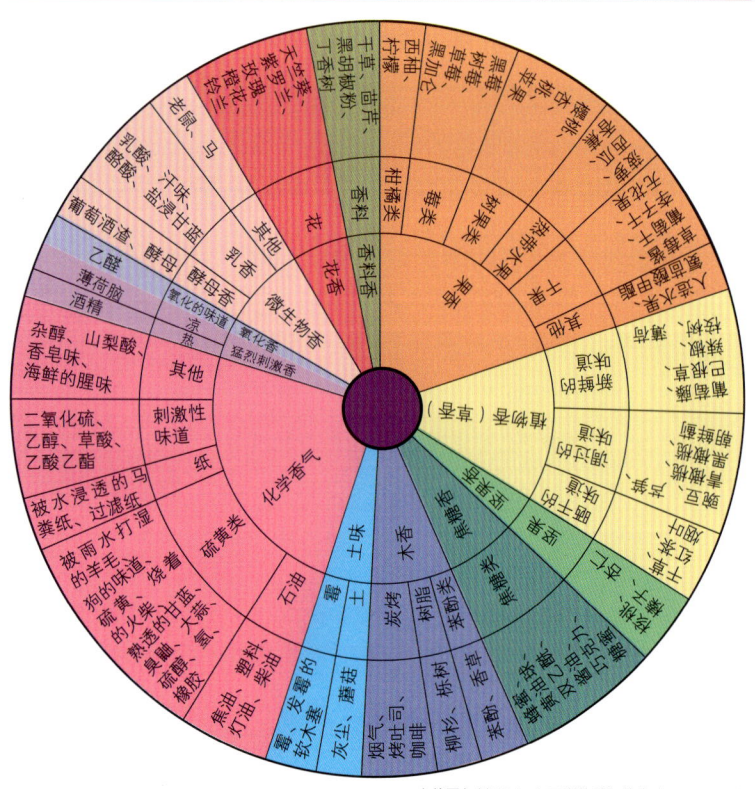

由美国加州U.C.Davis开发的香气轮盘（aroma wheel）

品味某个人的"味道"

接下来你不妨随便找个人进行一番对话。通过直接接触了解一个人并不是一件容易的事情,甚至直接接触可能比间接了解一个人更加困难,因为直接接触时可能遇到很多迷惑你的信息,让你难以判断眼前的这个人。对于葡萄酒而言,直接进行品尝也是最为考验水平的工作,尝味道的过程中通常是十分微妙的感觉在作怪,这种直接经验也是最难学习的。舌头的不同部位,感受到的味道也是不一样的。靠近舌根的部位能够感受苦味,舌的两侧以及舌底感受酸味,舌尖感受甜味,舌尖后端以及靠近两侧的部位感受咸味。正是因为舌头的这种特点,决定了品尝葡萄酒的方法尤为讲究。为了品透味道,首先要含一口葡萄酒,而后吸入空气,这样才能动员整个舌头品尝葡萄酒的味道。下一阶段可以让葡萄酒在嘴里打转,同时进行"酒体咀嚼"(chewing the body),这样才能体会到更加深入的味道。

大体上葡萄酒的味道是以甜味、酸味、苦味为基本味道的,但澳大利亚西部产的葡萄酒还会带点咸味。甜味让人感觉甜蜜、温和,是一种能使心情愉悦的味道,主要来源于葡萄酒的残留糖分、质感以及酒精成分。这种甜味在葡萄酒试饮时,通常会被形容为甜蜜感、贴合感、包裹感、温柔的调和感等。酸味会让舌的两端突然发紧,进而刺激唾液分泌。苦味不是一种使人心情愉悦的感觉,给人粗糙感,同时逗留的时间也较长,但当这种苦味能跟其他味道紧密配合烘托出更加复杂的味道时,往往意味着葡萄酒的品质达到了一定水准。苦味跟酸味配合会突出有点涩但很干脆的味道,跟甜味配合会出现巧克力的味道。

葡萄酒的第一味道被称作"attack",进入口腔以后逗留5秒内的中间味道称作"middle",而middle之后5秒内的味道被称作"finish"。这就好比我们第一次与陌生人展开对话时,首先会产生第一印象,而后随着对话深入会对对方有全面一些的了解,之后又会否定之前的一些感觉,逐步感受到对方的复杂性以及多样化的一面。除了味道,还有一种感觉不能忽视,那就是舌头对酒的触感。这就好比除了对方说话的内容,我们还会在意对方说话的语气。葡萄酒进入口腔以后可能产生粗糙感、温柔感、饱和感、干燥感、很冲的碳酸气冲击感、不温不火的感觉、冰凉感等各种复杂的触感。这些均属于葡萄酒的整体性格的一部分。

  我们与人开展对话时并非只是要了解对方的某一突出个性，而是想得出一个总体性的印象结论，同样，品尝葡萄酒也是想要体会上述三种味道形成的和谐统一的感觉。我们对人的第一印象可能不佳，但仅凭这种单纯的个别因素很难对对方有一个完整而真实的了解。懂得慧眼识人的面试官往往能够从应试人员的不佳表现中洞察到对方身上的优点以及一些未被发掘的独特气质(性格、能力、潜力等)，并且懂得利用这些潜质发展对方，最后为我所用。

Wine & Story

葡萄酒的三种"鼻觉"

  对于葡萄酒品鉴而言，常将闻香比作"鼻觉"（Nose）。如果说从视觉上品鉴葡萄酒时可以看其"杯泪"和"腿"，那么从嗅觉上品鉴葡萄酒就要用到"鼻子"了。

  ·**第一种鼻觉(1st Nose)**：轻拿酒杯，不要晃动酒杯，鼻子轻轻靠近杯口或者将杯子放在桌子上，用鼻子去闻。可以将鼻子向杯口伸进5厘米或10厘米左右，以更加深入地品评酒香。

  ·**第二种鼻觉(2nd Nose)**：为了最大限度散发葡萄酒的香气，用力摇晃杯子，让葡萄酒在杯子里快速打转。原本沉睡的香气会随着与空气接触渐渐散发出来，通过空气的汽化与氧化作用，促进香气向上蒸发。通过这一操作可以闻到那些挥发性较弱的"沉重"香气。

  ·**第三种鼻觉(3rd Nose)**：饮完葡萄酒以后感受空杯中残留的香气。闻一闻杯子内壁形成的透明酒膜上散发的香气，这是最为原始且最为有效的味道感受方式。

通过简单的交谈，你已经跟对方建立了沟通关系，并且懂得理解对方，那么接下来就可以展开更加真诚的对话了。将葡萄酒倒进杯子里发出的声音，碰撞葡萄酒杯时发出的清脆声响，葡萄酒中的气泡向上漂浮的声音，这些悦耳的响声都是葡萄酒与你展开对话的声音，是一种十分愉悦的对话，但最令人动容的莫过于通过葡萄酒这一交流手段与对方探讨人生、分享彼此经验所带来的收获。通过一杯葡萄酒拉近品酒人之间的距离，通过真诚的对话更加深入地了解对方，这才是葡萄酒带给我们的最大享受。

你的性格像赤霞珠哦

普罗旺斯葡萄酒联合会（CIVP）提供

透过葡萄品种
了解商务人士的性格

　　享受葡萄酒的最高境界是理解每种葡萄酒的个性差异，尽情享受每种葡萄酒的多样性与复杂性。当然，这句话说起来简单，但真要找出每种葡萄酒的个性并不是一件轻松的事情。原因在于决定葡萄酒个性的因素实在太过丰富，根据葡萄品种不同而不同，根据酿造技艺不同而不同，根据生产年度即葡萄酒的酿造年份（Vintage）不同而不同。即便品种相同，酿造年份也相同，葡萄酒的产地与酿酒师不同也会存在口感上的差异。因此，要想正确地理解葡萄酒，首先要从原料，即从分辨葡萄品种入手。葡萄品种对于葡萄酒的意义不言而喻，这就好比是一名商务人士或企业与生俱来的气质。根据"气质"的不同，有的品种会散发出强烈的味道，有的品种会散发出温柔且甜蜜的味道。

　　但我们普通人很难将葡萄的品种与直接的味觉记忆连接起来，因为葡萄酒并非使用我们日常食用的红玫瑰、巨峰等品种或制作葡萄干的葡萄品种酿造，葡萄酒有其专属的酿造用葡萄品种。而我们在现实生活中实难看到利用酿造用葡萄酿酒的生产流程，因此对于葡萄原料的认识自然十分生疏。酿造用葡萄的品种也十分丰富，约有200种葡萄可以用来酿造葡萄酒。但你无需感到茫然，因为有被称作"高贵品种"(Noble Variety)的代表性品种，其中有几种是一定要正确加以区分的。首先是被称为红葡萄酒酿造品种"飞鹰五兄弟"的赤霞珠(Cabernet Sauvignon)、梅乐(Merlot)、黑比诺(Pinot Noir)、西拉(Syrah/Shiraz)、桑乔维亚(Sangiovese)，其次是被称作白葡萄酒酿造品种"三大美女火枪手"的霞多丽(Chardonnay)、长相思(Sauvignon Blanc)、雷司令(Riesling)。

葡萄品种的皇帝，拥有超凡领袖气质的赤霞珠

很多商务人士都是以赤霞珠般的领袖气质为基础开创了事业。赤霞珠被称作"葡萄界的皇帝"，它那超凡的醇厚味道也配得上这一别称，虽然不够精致，但明显能够品出深度。一句话，品味赤霞珠酒就如同品味一位成熟的中年绅士一样。但这种深度并非一日练就，当我们品尝用这一品种酿造的葡萄酒时，如果酒的成熟度不足，尝起来就会如同把未熟的柿子切开放进嘴里，产生一种让舌根不由得收紧的涩涩的味道。随着酒越来越成熟，这种涩涩的味道会转变成丝绸般柔和的味道，为你献上具有深度的宜人芳香。如果要选一个人物作为代表，那么电影《The Mission》中的主人公罗伯特·德尼罗恐怕最为恰当。由于未婚妻移情别恋，他在冲动之下杀了弟弟，深感内疚的他就像西绪福斯那样通过酷刑赎罪。这就好比赤霞珠，它经过岁月的历练，在粗糙的属性中锤炼出具有独特魅力的柔滑口感。作为一名演员，随着岁月的流逝，越来越有成熟美的罗伯特·德尼罗与赤霞珠特别相似。赤霞珠常被用来酿制法国波尔多、梅多克葡萄酒。被称作"混合魔术"的波尔多葡萄酒由不同品种的葡萄混酿而成，酒的味道与香气平衡协调。如果用人来形容这种酒，赤霞珠就好比人的脊椎，混合而生成的

波尔多葡萄酒联合会（CIVB/P. Cronenberger）提供

味道就好比人的骨骼。梅多克葡萄酒之所以有种独特的强烈生涩味，就是因为其中赤霞珠的比例更多一些。

邻家大叔般温和的梅乐

　　随着时代的变化，温和取代了强烈的领袖气质，成为商务人士所需具备的重要内涵。最近，无论是新手还是葡萄酒爱好者都喜欢喝梅乐葡萄酒。它不像华丽的大明星那样富有魄力或者非常性感，而是像邻家大叔般温和，淳朴、殷实、悠闲是它最显著的特点。梅乐的主要产地是法国圣埃美隆和波美侯，名声在外的圣埃米利永诗人之酒和波美侯的柏图斯便是由这一品种所酿造。在法国波尔多地区，它大多数时候都与赤霞珠进行混酿。然而，在美国等新兴葡萄酒生产国，它却被作为单一品种生产酿制葡萄酒，因为在新手或者更青睐温和口感的人群当中，梅乐非常受欢迎。

书香门第的孤芳自赏,口感高贵的黑比诺

黑比诺仿佛一位学者,总是苦心孤诣于某一细节,而且具有一片冰心的气节。它在法国勃艮第用于酿制单一品种红葡萄酒,味道十分复杂而美妙,新手很难品出它的美味,但老手或是那些自称"黑比诺迷"的人们总是在迫切等待它的上市,尽管它价格不菲。著名的罗曼尼·康帝葡萄酒就是由黑比诺酿造而成的。

有趣的是,这一品种的葡萄种植成功率很低。很多葡萄种植者曾试图种植黑比诺,但都没有得到好结果,因为它的种植是非常讲究的,适宜的土质和种植者的努力都是必不可少的因素。因此,只要栽培成功,必定会天道酬勤。哪怕只有1米的距离,只要土质不一样,葡萄的味道就会各不相同。每一所庄园、每一个葡萄园,甚至每一地垄里所种植出的黑比诺的味道都不尽相同,真正体现了天与人的造化。可以说,上好的黑比诺绝对是气候条件、土壤以及种植者的汗水所共同创造出的杰作。

普罗旺斯葡萄酒联合会(CIVP)提供

豪爽的朋友，朝气蓬勃、轻松愉悦的西拉

我记得在某则广告里，韩国明星崔岷植曾为无精打采的同事们大声唱了一首《走向广阔的田野》。西拉亦是如此，它朝气蓬勃且易于亲近。这一品种的特点就是它所散发出的微辣的香料气味非常符合韩国人的口味。跟前面介绍过的葡萄品种有所不同，西拉可以让你很自在、很轻松地喝上一杯。

西拉与我们的日常饮食最为搭配，对辛辣且咸味较重的韩国饮食来说尤为如此。西拉就是像朋友一样的存在，可以随时说一声"今晚来一杯如何啊"。这一品种主要出产自法国罗讷河谷地区，也是澳大利亚代表性的酿酒葡萄品种，在当地被称为 Shiraz。

变化无穷的变色龙，口味多变的桑乔维亚

有些人只有在跟许多人接触时才能发挥出其真正的价值，这种人拥有着神奇的融合力，不仅能够保持自己的个性，还会为对方个性的

波尔多葡萄酒联合会（CIVB/P. Cronenberger）提供

形成添一分色彩。同时，这种人应变能力极强，能够按情况随时改变自己。其实我想说的就是意大利产的香蒂葡萄酒的代表品种——桑乔维亚，它就像变色龙一样变化无穷。

它主要产于意大利托斯卡纳地区，该地区因超级托斯卡纳葡萄酒而驰名国内外。桑乔维亚酸度丰富，经过长时间的熟成会散发出非常柔软且华丽的味道。特别是与美食搭配时，最能体现出它的美味，它会针对不同的食物呈现出不同的味道。

其他用来酿造红葡萄酒的葡萄品种

- **佳美**（Gamay） 主要产于法国宝祖利村，酿造薄酒莱新酒。
- **品丽珠**（Cabernet Franc） 产于法国波尔多、希侬，主要在与其他品种的葡萄混酿时采用，它可以为葡萄酒增加厚重、柔和且富有果香的口感。
- **内比奥罗**（Nebbiolo） 意大利皮埃蒙特地区代表品种，用于酿造巴罗洛葡萄酒。
- **丹魄**（Tempranillo） 西班牙里奥哈地区主要品种。
- **金粉黛**（Zinfandel） 美国代表品种。

霞多丽——中年成熟女性

如果说赤霞珠作为红葡萄酒帝王拥有稳重的中年形象，那么霞多丽就是白葡萄酒的女王，如同摩纳哥王妃格蕾丝·凯利或者英格丽·褒曼，个性优雅、清丽且酒液呈浅黄色，无愧为高档葡萄酒。

用这一品种酿造的葡萄酒中最有名气的是法国勃艮第产的夏布利。霞多丽因被用来酿造所有勃艮第白葡萄酒和香槟区的气泡葡萄酒——香槟而发挥了它的价值。从透明色到金黄色，从清爽到柔滑细腻，可见它多种多样的个性。同时，霞多丽对环境的适应力极强，堪称全才。霞多丽可搭配海鲜，更能提衬海鲜味之甘美。

波尔多葡萄酒联合会（CIVB/V. Bengold）提供　　波尔多葡萄酒联合会（CIVB/Ph. Roy）提供　　波尔多葡萄酒联合会（CIVB/Ph. Roy）提供

长相思——活泼的17岁少女

长相思如同《罗马假日》里的奥黛丽·赫本一样，是非常活泼的17岁少女。清新的草木香是长相思最明显的特征，正如赫本那少女般率直自然的个性给观众留下的美好印象，为她赢得了全世界影迷的喜爱。最具有代表性的长相思葡萄酒产自法国卢瓦尔河的桑塞尔地区，而新西兰产长相思葡萄酒也以其独特的口味和香气备受全世界的好评。近年来，新西兰产长相思葡萄酒开始以螺帽代替软木塞，这是为了去掉软木塞的气味，更好地呈现出长相思本身轻盈、清新的味道。

其他用来酿造白葡萄酒的葡萄品种

- **琼瑶浆**(Gewürztraminer)　　"Gewürz"在德语中指的是香料，这种葡萄的味道和香气与甜美的热带水果荔枝相似。
- **麝香**(Moscato)　味浓郁、酒精度高的葡萄品种。
- **赛美容**(Sémillon)　　因葡萄皮薄，多用于贵腐葡萄酒，多产于法国索泰尔讷和澳大利亚。
- **白诗南**(Chenin Blanc)　　透明色葡萄，有一股类似蜂蜜或甜瓜的味道。

雷司令——奇妙仙子般可爱的精灵

雷司令是奇妙仙子般可爱的精灵。它口味香甜、柔滑,且酒精度较低,备受广大女性的喜爱。它极具德国葡萄酒的特征,具有香甜清爽的酸味和浓郁的果香味。主要产于德国,但法国阿尔萨斯地区的雷司令葡萄酒也颇有名气。它在美国加州、澳洲、南非等世界各地都有种植,闪耀着可爱的个性。

身负如此多个性的葡萄经过人们的双手变成葡萄酒。照片由普罗旺斯葡萄酒联合会(CIVP)提供

葡萄酒亦有身材

波尔多葡萄酒联合会（CIVB/P. Cronenberger）提供

表达葡萄酒的味道
与商务人士的沟通战略

假如你与外国客人用餐，配一瓶葡萄酒，外国客人品一口酒之后说："今天的酒充分吸收了铁啊。"那么，你该作何反应？不解其意而干涩地笑一笑？这是真人真事。"现代管理学之父"彼得·德鲁克博士就是这里所指的那个外国客人。德鲁克博士用上述这句话风趣地表达了葡萄酒醇厚而无甘甜之味道，就因为这一句，索尼董事长出井伸之察觉到彼得·德鲁克是个幽默风趣的人。再举一例，一个体格肥胖的人点了一瓶葡萄酒，很随意地开了一句玩笑："本人很醇厚哦，所以喜欢喝巴罗洛！"其实这里包含许多含义：他在葡萄酒方面的学问很深，尽管他很胖，可是非常灵敏，绝不迟钝。

别以为这只是个小玩笑，有时候你会在商务场合因"葡萄酒对话"而感到备受冷落。有一种说法是，在国际商务宴席上，葡萄酒绝不仅仅是一杯酒，而是一种语言。一些外国人甚至以葡萄酒来判断对方的水准。在这个全球化时代，品酒已不再是单纯的个人爱好，品一口葡萄酒之后用恰如其分的言语表达出其味道已经成为商务人士必备的沟通战略。

懂得论酒才是真懂酒

懂一些葡萄酒的外国人一般用"很棒"(great)、"很好"(good)、"还行"(fair)、"不太好"(poor)等来表达葡萄酒的味道。但这类大致的评价表达不了葡萄酒的特性，葡萄酒高手品酒一般先用"很棒"(great)之类的术语综合评价，之后再添加具体理由，所以为了构思具体的表达，品酒者应该熟悉这方面的知识。

当然，只有懂得正确表达才能选出适合自己的葡萄酒。最基本的葡萄酒表达包括甜度、涩度和酒体的重量等三个要素。甜度可分为干 (dry) 和甜 (sweet)，这里的"干"不意味着"干枯、干燥"，而是"不甜"的意思。像勃艮第产霞多丽和桑塞尔白葡萄酒便是干葡萄酒的代表。甜葡萄酒口感醇厚圆润，但干葡萄酒口感干爽纯净。波尔多的苏玳酒和德国的枯萄精选酒便是甜葡萄酒的代表。这种葡萄酒如蜂蜜一样甜美，因此吸引了很多女性朋友。

我们经常使用"body"这个术语来表达酒体的轻重，它包含酒精度、单宁、糖分等方面。喝水和喝牛奶的口感是不一样的。饮完水后的口感非常轻盈；相反，牛奶的感觉就是厚重的。葡萄酒也是如此，有轻盈、松快的味道，也有厚重、浓郁的味道。根据口感，我们将酒体分为轻型、中等型、浓郁型。轻型是薄酒莱一样的轻盈，最适合新手；相反，品梅多克或者蒙塔西诺之布鲁内罗的时候，人们通常用"这酒好浓郁啊"这类话来表达，也就是指其酒质饱满丰润。那么，浓郁型葡萄酒就一定比轻型葡萄酒口感更好吗？当然不是。人不可貌相，不能只根据相貌、外表判断一个人的性格，否则会犯大忌。葡萄酒亦是如此，酒体的重量、味道的均匀及个性、余味均是体现葡萄酒价值的重要因素。只有将这几个因素很好地融为一体，才能散发出无穷的美味。

波尔多葡萄酒联合会（CIVB/A. Benoit）提供

当葡萄酒入口后，口腔感觉干涩，口腔黏膜会有褶皱感，那便是单宁在起作用。葡萄酒中的单宁一般是由葡萄串、葡萄茎、葡萄籽及葡萄皮浸泡发酵而产生的，或者是因为存于橡木桶内而萃取了橡木内的单宁。单宁是红葡萄酒的灵魂，它的主要作用是为葡萄酒建立"骨架"，使酒体结构稳定、坚实丰满。单宁丰富的红葡萄酒可以存放经年，是一种天然防腐剂。单宁较重的葡萄酒的代表有赤霞珠、西拉酒

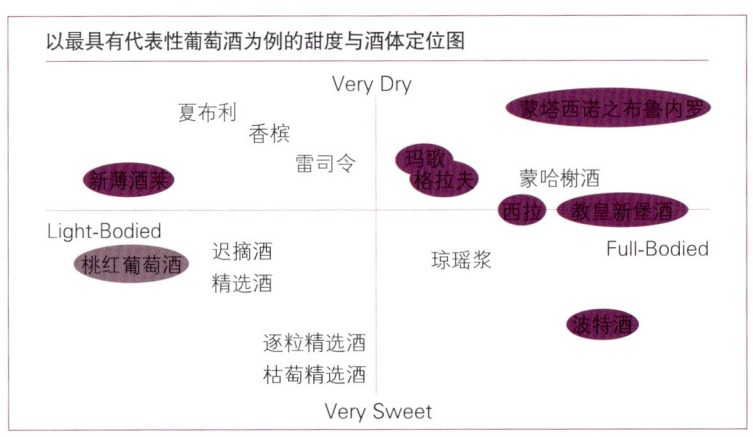

以最具有代表性葡萄酒为例的甜度与酒体定位图

等。在将酒妥善存放瓶内一段时间后,苦涩的单宁的强劲粗狂的个性会转化成清幽雅致而柔顺,我们可用"丝滑、细腻、柔滑、协调"等词汇来表达其柔顺的感觉。如果口感正好相反,就可用"褶皱、粗糙、苦、酸"等词语来表达。

如何品鉴葡萄酒香气?最重要的标准是强度、清晰度、质地。香气的强度一般用"微弱、浓烈、有力"来形容,清晰度则用"浑浊、清晰"来形容,如果觉得香气不足则用"封闭、沉默"来形容。形容香气质地的术语很多,如"心情愉悦、细致、心情不快、粗糙"。此外,"香气袭人"(big nose)用于表达特别好闻的葡萄酒,意味着香气清澈且含有多种味道。

完美的葡萄酒表达可以在宴席上吸引众人目光

对葡萄酒整体感受的表达取决于品酒人的具体表达能力。可以用"男性化(充满力量感的葡萄酒)、女性化(拥有多样性又不缺乏优雅味道的葡萄酒)、有个性、碳酸化、贫弱、疲惫、有潜力"(potential)等表达。在这些表达中,"伟大"(great)是最高的赞词。

但就算一样的表达,在不同的情形下也可能让人误以为是不同的意思。例如,"有个性、有潜力"等表达实际上既可以用于形容体现那种风格的葡萄酒,也可能是因为礼貌的缘故为避免直接评价而使用的词语。对于我来说,在这种令人困惑的情况下为了避免让葡萄酒提供者失望,我发明了"独特"这个词。

对不喜欢的葡萄酒,人们一般婉转地表达为"有个性""有潜力"或者"很独特"等。当然这是出于礼貌,也是因为品评葡萄酒的味道是很主观的,所以不得不很小心地去评价。

同样的话,使用不同的语气说出来也会给人以不同的感受,这就要看说话人的交流能力了。在商业市场上,拥有能对葡萄酒味道进行多样化表达的能力可称得上是一个强有力的武器,这个武器的名字就叫做"交际"。有趣的是,表达葡萄酒的味道、香气以及整体感觉,与评价一个人时所用的表达是一样的。因此,可以说,品酒如评人。

跟外国人在一起时非常有用的葡萄酒表达

- Aggressive（刺激性的） 适用于刚酿出来的葡萄酒或者是没有发酵好的葡萄酒。
- Astringent（发涩的，揪紧） 适用于单宁或碳酸口感强烈的情况。
- Closed（封闭的） 适用于需要充分时间才能释放出多种味道和香气的年轻葡萄酒。
- Complex（复杂的） 适用于又香又醇的葡萄酒。
- Concentrated（浓缩的） 适用于完美的葡萄酒。
- Crispy（清爽的） 适用于新鲜清爽的葡萄酒，多用于白葡萄酒。
- Earthy（有泥土味道的） 适用于有土、砾石、矿物质等成分的葡萄酒。
- Elegant（优雅的） 适用于葡萄酒的味道很轻柔优雅，是最普通的表达。
- Long（长时间的） 适用于葡萄酒的味道长时间停留在口腔里的优等葡萄酒。
- Mouth-Filling（塞满味蕾的） 适用于在口腔里散发醇美味道的葡萄酒。
- Rich（丰富的） 适用于味道深厚多样的葡萄酒。
- Robust（美味的） 适用于浓郁的红葡萄酒。
- Round（舒服的） 适用于直接喝下去也不会感到不舒服的葡萄酒。
- Silky（像丝绸） 适用于拥有柔滑口感的高级葡萄酒。
- Velvety（像天鹅绒） 适用于与Silky相似但比其味道更丰富的葡萄酒。

酒杯的深度和多样性

波尔多葡萄酒联合会（CIVB/A. Benoit）提供

葡萄酒杯与商务人士的作用

对于总是需要跟不同的人打交道的商务人士来说，正确知道自己的角色并且行动是最重要的德行之一。只有这样，才能在与不同的人见面时完美地做好自己应该做的事情。人们通常会把人比喻成器皿，但时至今日，器皿的意义正在渐渐发生变化，一件器皿不会因为其容量很大就深受欢迎。无论是大器皿还是小器皿，都扮演着各自的角色，并且因其多样性而共存。葡萄酒杯也可以分为大杯和小杯，但不能单方面地说哪个好或哪个不好，因为在现代社会中，多样的器皿和大小不一的器皿因其用途不同而共同存在着。

为什么葡萄酒杯的形状是这样的

与其他酒杯不同，葡萄酒杯有着自己独特的造型。它并不只是

摆设。通常，葡萄酒杯的结构可以分为杯口(lip)、杯肚(ball)、杯颈(stem)和杯底(base)。杯肚下宽上窄，可以聚集葡萄酒的香气；也只有葡萄酒杯那样细而长的颈才可以防止热量从手中传递到杯肚，而且在外观上还可以感受到其灵动秀气之美；正因如此，拿葡萄酒杯时，手握杯口的行为会使葡萄酒杯的用途变得毫无意义。此外，葡萄酒杯不应有颜色或者花纹，这样品酒的人才能看清楚葡萄酒的颜色和透明度，因此应避免选择带有格子花纹等式样的酒杯。试饮葡萄酒时，你需要观察酒体颜色的深浅程度，但其实更大的乐趣在于欣赏。

勃艮第杯　　　波尔多杯　　　霞多丽杯

酒杯代表葡萄酒的味道

不知会不会有人发出疑问：喝葡萄酒时，酒杯是否真的那么重要？事实上，葡萄酒的味道会因你使用不同的酒杯而不同。众所周知，人的舌尖能品尝甜味，舌头两侧能品尝酸味，舌根能品尝苦味。因为舌头用来品尝不同味道的部位不同，所以舌头的哪个部位先触到葡萄酒，感知到的葡萄酒味道也会大不相同。

葡萄酒杯因其品种和种类而有所不同。红葡萄酒杯大体分为波尔多和勃艮第两种杯型。波尔多杯杯肚较大又深并且杯口较宽，这种红葡萄酒杯适合饮用多种葡萄酒。大部分美洲葡萄酒都可使用波尔多杯，因此用波尔多杯可以饮尝多种类型的红葡萄酒。而勃艮第杯的杯肚更大，适合饮用拥有浓郁香味的勃艮第红葡萄酒或者是用美洲的黑比诺酿造而成的葡萄酒，较宽的杯肚可以令人享受更多的香气。适用于饮用白葡萄酒的酒杯底部呈弧形，杯口到杯肚的大小较一致。这样的设计使得品酒人会更多地用舌尖来品尝白葡萄酒，从而避免了过多的碳酸入口。这样的酒杯不仅适用于白葡萄酒，也可以用于像意大利基安

雷司令杯

香槟杯

白兰地杯

蒂酒、薄酒莱新酒一样味道较柔的红葡萄酒。此外还有专门用于饮用香槟的香槟杯。此类酒杯是为了让品酒人享受到丰富又富有生机的气泡而设计的，杯子较窄，外形像长笛。

高级酒杯

大的器皿好，还是小的器皿好？这种想法早已落后于时代，取而代之的是要制造出具有适合自己特殊用途的高级酒杯。这种酒杯的典型代表正是力多(Riedel)杯。力多杯被纽约现代艺术博物馆选为20

法国王后玛丽·安托瓦内特根据自己乳房的形状制作的宽口香槟杯无法享受香槟的气泡，气泡和香气会从其宽大的杯口快速消失。

力多公司"品酒师系列"红葡萄酒杯被选为20世纪精品酒杯,被永久保存于纽约现代艺术博物馆。

世纪精品酒杯,被其收为永久馆藏的力多"品酒师系列"酒杯,因在2000年6月历史性的朝韩首脑会议的晚会上被金大中和金正日所使用而更加名声在外。力多公司以"功能决定形态"的现代美学理念,首次制造出了针对不同葡萄酒品种的酒杯。

一般认为,香气、味道的均衡及其余韵是由酒杯的形状所决定的,比如奥地利举国引以为豪的世界级葡萄酒杯制造商力多所制造的酒杯种类就有数十种。如果说力多创造了葡萄酒杯的历史,那么德国诗杯客乐(Spiegelau)酒杯在设计上则加入了德国人的直率以及实用性。诗杯客乐的种类虽然比力多少,但更加坚固。

了解葡萄酒酒标

葡萄酒的酒标

　　看酒标能得知此酒的背景和经历等多种信息,但并不能通过它彻底地了解这瓶酒。就算是酒标提供了较多的信息,也会因为阅读的人或酒标的表述方式不同而给人不一样的感受。葡萄酒的酒标是粘贴在葡萄酒瓶正面的标签,就算你之前没有品尝过某种葡萄酒,如果认真阅读了其酒标,也能大致了解这种葡萄酒。而如果能知道酒标背后的故事,就能对该酒有更多的了解。

新世界（new world）的实用型酒标

"新世界"是指美国、澳大利亚、智利、南非、新西兰、阿根廷等新生的葡萄酒生产国。这些地区的葡萄酒被称为新世界葡萄酒。以美国葡萄酒酒标为例，其内容很简单，因此购买者很容易选择。

这种新世界葡萄酒酒标最大的优点是将葡萄的品种写入其中，因此很容易使顾客回忆起这种酒的味道。

❶ Far Niente　生产者是Far Niente葡萄酒酿造厂。

❷ Established 1885　生产者成立的时间。

❸ Estate Bottled　在法国葡萄酒酒标上可以看到mise en bouteilles au chateau（原庄装瓶），说明葡萄酒厂是用自己种植的葡萄进行酿制的。

❹ 1998　1998年是葡萄酒年份，是指用该年收获的葡萄酿成的葡萄酒。

❺ Napa Valley　是指产于美国加州纳帕谷。美国规定，在该地的产量达75%以上才能记录其产地。

❻ Carbernet Sauvignon　是指葡萄的种类是赤霞珠。只有85%以上使用其品种才能在酒标上标明成分。

Beyond the Label　Far Niente葡萄酒厂是能够很好地展现所有者个性的葡萄酒厂之一，在这里陈列着50～60辆豪华轿车以及10多台经典老轿车。为了保持一定的温度，葡萄酒被存放在地窖储藏室中，根据葡萄酒品种分别进行储藏。在大约30万平方米的葡萄园里大量种植的赤霞珠、霞多丽以及拥有地下酒窖的特点使其成为cave collection的主打品牌。

葡萄酒酒标的保守与创新

　　接下来，我们将面对更加复杂的葡萄酒酒标。消费者会对如同暗语一样的葡萄酒酒标感到无奈，这些酒标来自葡萄酒发源地的法国、意大利、西班牙、葡萄牙、德国等"旧世界"。虽有例外，但是在多数情况下，这些葡萄酒酒标上很少出现可以预测味道的葡萄品种信息。相对于新世界葡萄酒酒标的创新，欧洲葡萄酒的酒标就显得较为保守。但是不能说创新就是对的，而保守就是错的，因为保守也有保守的原因。从葡萄栽培开始的旧世界葡萄酒是人类社会和自然的共同创造，是传统的典范。因此，如果说新世界葡萄酒酒标更趋向于实用性，那么旧世界的葡萄酒酒标本身就是一部历史书。

　　为什么作为旧世界代表的欧洲葡萄酒酒标里没有记录葡萄品种呢？这有很多原因。新世界酿造葡萄酒的葡萄比较单一，因此易于记录。相反，旧世界特别是法国波尔多的葡萄酒，需要多种葡萄进行混酿，因此不易记录下来。当然，旧世界葡萄酒的名品中，也有很多像勃艮第黑比诺酒一样，百分之百用单一葡萄酿造的高级葡萄酒。但仅凭葡萄的品种来评判似乎有点不公平。例如，酿造勃艮第伏旧园酒所用的葡萄虽同样使用黑比诺葡萄，但就算葡萄园之间仅差几米或仅是畦地之间的差距也会使葡萄酒的味道有很大的不同。因此，旧世界里无论是哪个品种的葡萄酒，往往更看重坚守传统的酿造技术的生产者和生产地。虽然关于生产地的要求并不那么严格，但梅多克盛产赤霞珠、圣埃美隆和波美侯盛产梅乐，这些都是经过时间累积、岁月积淀，在人们心中固化下来的印象，就算只报上这些产地，我们也能大致了解该地所产葡萄酒的品质和酿造方法。就像只要说起法国酒，风土（terroir，意思是葡萄酒的香气和味道反映地理环境的特征现象）的整体重要性不言而喻一样。

旧世界传统的葡萄酒酒标

让我们看一下传统的法国葡萄酒酒标。

❶ **1995** 酿造年份，说明此葡萄酒是用1995年收获的葡萄所酿制。

❷ **Château Gazin** 嘉仙庄园是葡萄酒生产者，同时也是葡萄酒的名字。

❸ **Appellation Pomeol Controlee** 是指此葡萄酒是根据波美侯地区的生产要求酿制的。这叫AOC，是Appellation d'Origine Controlee的缩略语，即原产地名称管制的葡萄酒。记录与Origine相关部分的地域名称，有时也会记录收购地及其收购者。这个葡萄酒叫Mise en bouteilles au Château，是指从葡萄的原产地收购的。

Beyond the Label 中世纪的欧洲，所有在朝圣之路（Saint-jacques）上行进的队伍都会经过波美侯。管理此地的贵族Malte为朝圣者专门建造了住处，它们具有看护病患和驿站的职能。到了15世纪，此处又建立了嘉仙庄园，嘉仙的词源"casa"是"家"的意思。从葡萄酒标上我们除了能看到有关生产的内容，还能了解酒庄的历史。

个性与深度并存的酒标

无论是新世界的酒标还是旧世界的酒标,都各有其优点和缺点。新世界的酒标具有实用性,因此就有大众化的优点;而旧世界的酒标以其古老不变的原汁原味给予人踏实的感觉。

当然,我们不可能通过一张酒标就了解所有的东西,但是了解酒标字里行间的意义可以减少我们在选择上的失误。进一步了解酒标所赋予葡萄酒的个性以及深度,将是件快乐的事,无论对人还是对葡萄酒来说都一样。

拥有"家"这个词源的嘉仙庄园。

人尽其才和适当的时机

由罗讷葡萄酒联合会（Inter/Rhône）提供

生产年份表和商务人士的用兵术

每个人施展自己才华的时期都不一样。有些人年轻时达到制高点，之后急速跌落；而有些人需要长时间慢慢地成长，较晚才发挥实力，大器晚成。总之，每个人的成长和衰落的曲线是不一样的。

葡萄酒也是如此。有些葡萄酒成长速度快，但瞬间下降，而有些葡萄酒需要数十年的时间才能找到属于自己的味道。就像管理者在用人时经常为"人尽其才"和"适当的时机"而烦恼一样，葡萄酒开瓶的时机也需要选择。

越久越好的偏见

　　有些人在卖场买葡萄酒时会直接问："给我××年的葡萄酒,为什么没有××年产的呢?"有时甚至会问:"嗯?这明明是一样的葡萄酒,为什么价格不一样?"这都是虽然知道葡萄酒有酿造年份,但没有正确理解的例子。

　　葡萄酒酿造的年份并不是葡萄酒制造的年份,而是指收获葡萄的年份。因葡萄酒是用葡萄酿造而成的果酒,因此那年葡萄的收获对酒的品质有绝对的影响。购买后1~2年内可饮用的90美元以下的普通葡萄酒其酿造年份并不重要。但是用某些特殊年份、特殊葡萄酿造的葡萄酒需要经过充分的发酵,此种情况下,葡萄酒酿造的年份就很重要。例如,用赤霞珠这种有坚实品质的葡萄品种酿造的葡萄酒在遇到所谓"好年份"的气候条件时,便可以长时间发酵。此类葡萄酒如果直接饮用会有酸味以及涩味,经过长时间发酵后才会有浓烈而丰富的香气以及丝绸般柔滑的味道。我们所说的佳酿就是指这种大器晚成的葡萄酒。

罗讷葡萄酒联合会(Inter/Rhône)提供

在2004年春天举办的葡萄酒拍卖会上以5000美元成交的1961年份拉图酒庄所酿之酒就是典型的大器晚成的葡萄酒。许多葡萄酒爱好者认为用这一年栽培出来的葡萄酿出的是绝好的佳酿。因为很多葡萄酒不能像拉图酒庄的酒款一样经受长时间的储藏，所以这年生产的其他葡萄酒大部分已被饮用完。这种大器晚成型的葡萄酒要是错过了最佳的享用年份也有可能变坏。因此，葡萄酒并不是储藏得越久越好，每款葡萄酒都有自己最适合的饮用时间。

葡萄酒年份表——葡萄酒的"人事记录卡"

有时人们会有这种烦恼：收到了一份很不错的葡萄酒礼物，但不知道应该马上开瓶饮用还是再储藏一段时间后饮用，或者已经错过了最佳的饮用时间。像《葡萄酒观察家》等世界级的葡萄酒杂志或者是葡萄酒专业机构，每年会编制一种葡萄酒酿造年份图表，图表中分别对地区、生产年份、品种进行打分，从而研究出该酒是否要继续储藏还是马上饮用为佳。值得注意的是，每个国家、每个机构发表的葡萄酒年份表都不一样，所以应选择最适合自己的。下面的葡萄酒年份表是作者常使用的葡萄酒年份表中最简单的。

为了更好地使用葡萄酒年份表，首先应该知道什么时候使用它。下面的葡萄酒年份表以2004年世界主要葡萄酒生产地区所产葡萄酒为例。左侧是国家，然后是生产地区。如果是新世界酒，生产地区和品种会写成Cabernet Sauvignon-Napa/Sonoma/North Coast的形式；如果是旧世界酒，就只写生产地区（以知道相关地区的主要葡萄酒种类为前提），Bordeaux/Red意味着赤霞珠酒，Burgundy/Red意味着黑比诺酒，Rhône/North意味着西拉酒。右侧是针对不同年份、地区、葡萄品种的打分。最下面是分数的含义。

在这里最重要的是确认颜色。例如，①号的Bordeaux/Red-Medoc&Graves在1993年份的分数是85分，颜色是橘红色。橘红色意味着可以饮用但是已经过了最佳饮用期；而②号的1990年份的分数是98分并且比1993年份还要晚3年，颜色是紫色，说明可以饮用，

2004 葡萄酒年份表

	REGIONS/WINES	2002	2001	2000	1999	1998	1997	1996	1995	1994	1993	1992	1991	1990	1989	1988
CALIFORNIA	Cabernet Sauvignon-Napa/Sonoma/North Coast	90	95	97	92	85	95	92	92	97	90	93	95	93	83	80
	Chardonnay-Napa/Sonoma/North Coast	90	92	90	90	89	95	90	93	90	90	92	92	93	82	88
	Pinot Noir-Napa/Sonoma/North Coast	89	90	90	91	90	94	91	91	93	90	90	93	90	85	92
	Pinot Noir/Chardonnay-Central Coast/Santa Barbara	91	91	91	90	89	95	89	89	92	85	89	91	91	86	88
	Zinfandel-Napa/Sonoma/North Coast	88	92	88	90	91	87	89	93	92	95	92	91	92	85	84
	Oregon/Pinot Noir	92	88	90	94	92	84	86	87	94	91	90	90	92	88	89
	Washington-Red	95	91	90	90	96	93	86	88	87	92	89	92	91	86	87
FRANCE	Bordeaux/Red-Medoc & Graves	86	89	98	89	89	86	93	91	85	85①	80	80	98②	96	89
	Bordeaux/Red-St. Emilion & Pomerol	87	89	97	89	92	85	87	93	90	86	NR	NR	98	93	90
	Bordeaux/White-Sauternes & Barsac	91	94	81	99	75	88	90	80	88	80	NR	NR	96	90	97
	Burgundy/Red	92	88	84	89	88	89	92	90	85	88	80	85	91	88	90
	Burgundy/White	93	92	88	87	89	92	89	92	91	87	83	91	NR	92	91	84
	Rhône/North	86	91	89	93	92	91	87	91	89	NR	NR	93	93	97	92
	Rhône/South	84	90	93	89	97	85	85	93	88	87	NR	NR	96	95	89
	Loire/Dry and Sweet White	88	88	84	89	86	85	92	91	82	91	83	NR	91	92	87
	Alsace	88	94	86	84	89	96	90	88	86	84	80	NR	93	96	89
	Champagne/Vintage	93	NV	85	88	87	85	92	89	NV	86	NV	NV	98	90	87
ITALY	Piedmont	82	84	93	92	95	93	95	88	81	87	NR	NR	98	97	91
	Tuscany	83	91	90	89	88	95	86	92	85	87	NR	86	93	82	91
	Veneto	83	85	87	88	89	95	NR	94	87	88	NR	NR	95	NR	93
SPAIN	Rioja	86	95	87	89	85	89	95	94	89	84	88	90	90	85
	Catalonia	85	93	89	88	88	89	91	91	89	80	82	88	86	87
	Ribera del Duero	86	93	89	89	87	98	95	92	NR	82	94	91	95	NR
	Portugal-Port/Vintage, Quinta or LBV	84	84	89	86	97	93	85	91	96	NR	92	91	85	86	83
GERMANY	Rhine Regions	94	95	87	91	89	88	95	88	92	87	87	85	94	91	87
	Mosel/Saar/Ruwer	91	96	85	90	89	89	93	93	92	90	87	85	95	90	90
AUSTRALIA	Barossa	94	88	84	89	93	90	94	93	89	88	81	92	93	84	87
	Coonwarra	88	90	83	93	93	95	87	82	86	91	84	94	96	82	89
	Hunter Valley	90	85	88	91	87	89	88	89	86	85	94	86	87	83
S.AMERICA	Chile	85	91	88	90	84	91	90	89	90	89	85	86	89	87	86
	Argentine	94	87	87	90	83	89	95	90	93	88	87	93	90	83
	South Africa	89	88	86	92	93	89	82	91	86	84	87	88	85		
	New Zealand	90	90	89	91	95	88	90	80	91	85	85	93			

历年年份分数
- 98～100=Superlative
- 94～97=Classic
- 90～93=Excellent
- 87～89=Very Good
- 83～86=Good
- 80～82=Acceptable
- NV=Nonvintage
- NV?=Tentatively not firmly nonvintage
- NR=Not Rated

根据颜色评判的葡萄酒状态
- 建议储藏
- 可以饮用，建议再储藏一段时间
- 非常适宜饮用
- 过了饮用的最佳时机
- 非饮用的好时机
- 无资料

其他最佳年份
- **FRANCE** | **Bordeaux**: 1982,1978,1966,1961,1959,1955,1953,1949,1947,1945,1937,1934; **Champagne**: 1982; **Rhone Reds**:**Southern**1983,1981,1978; **Northern**1983,1978; **Burgundy**: 1978,1976,1972,1969,1959,1952,1949,1947,1945
- **ITALY** | **Tuscany**: 1982,1978,1971; **Piedmont**: 1982,1978,1971; **Veneto**: 1983,1979,1976,1974,1971,1970
- **SPAIN** | **Rioja**: 1982,1981,1978; **Catalonia**: 1983,1982,1981; **Ribera del Duero**:1983,1982,1980,1979
- **United States** | **California Cabernet**: 1987,1984,1978; **Oregon Pinot Noir**: 1983,1980; **Washington Reds**:1987,1983,1979,1978
- **GERMANY** | 1983,1976,1975,1971,1964,1959
- **AUSTRALIA** | **Barossa**: 1982; **Coonwarra**: 1982,1980; **Hunter Valley**:1983
- **PORTUGAL** | **Port**: 1983,1977,1970,1966,1963,1955,1948,1945

但是建议再储存一段时间。根据葡萄酒年份表可以决定是继续保存还是立即饮用。

酿造年份不是绝对的标准

没必要完全迷信酿造年份。酿造年份的评价是针对葡萄生产的地域性评价，而不是针对特定葡萄酒的评价。酿酒者的专业技术和葡萄酒的储存环境也会影响葡萄酒的味道。好年份的葡萄遇到了糟糕的酿酒者和储藏室，结果就会完全不一样。

酿造年份并非对全世界的葡萄酒同样重要。以法国为首的欧洲北部气候变化明显，对葡萄生长有非常大的影响。然而对于气候变化较小、较为温和的新大陆（美洲）来讲，酿造年份并不那么重要。并且这些年份表是以西方人的口味编制的，不一定符合我们东方人的口味。

伟大CEO的成长就像酿制一瓶伟大的葡萄酒

罗讷葡萄酒联合会（Inter/Rhône）提供

葡萄酒的发酵和保管

如果你认为自己是由于没有得到世界的认同而发挥不了才能，那么就想一想在地下默默躺了数十年的葡萄酒吧。现在你所经历的时间将会成为你日后华丽逆转的资本，就像大器晚成的葡萄酒一样，经过长时间的发酵才会展现出自我价值。但这也是有条件的：首先要有坚强的意志，坚定不移；其次是要努力一步一步地向目标前进，不宜急躁也不宜懒散；最后，最重要的就是最佳的环境。前面两个条件可以通过自身的努力去实现，而最后一步却是需要外部条件帮助的。发酵、储存的方法和葡萄酒本身的品质（葡萄品种与酿造年份）、酿酒者的技术同样重要，只有在适当的环境下才能酿出长久宜人的味道。

在海底沉睡100年的葡萄酒

　　1992年,一艘沉没的货船在新加坡附近的海域被发现。这艘货船是在1892年前往越南的途中沉没的,但仅仅这些并不足以让这艘沉船成为当时的热点话题。这艘沉船之所以能成为焦点,是因为船上的葡萄酒。在打捞上来的沉船里,工作人员发现了产自波尔多圣朱利安的金玫瑰庄园酒。沉寂了100年的葡萄酒虽然作为遗物自有其价值,却不知道味道如何。令人惊叹的是,这些沉寂了100年的葡萄酒竟获得世界级酒评家罗伯特·帕克的高度赞誉。沉没了100年的葡萄酒依然有着很好的味道,证明储存对葡萄酒品质的重要性。幽深的海水阻挡了阳光的进入,温度较低且变化较少,周围没有震动,这些都是保管葡萄酒的最好条件。沉没的葡萄酒因其所处独特的环境而可以继续发酵,无论是酸度还是糖分都很好地结合在一起,因而时间愈久,其味道和香气愈成熟。

那些让葡萄酒"疲惫"的做法

反过来,就算是再好的葡萄酒,如果没有得到妥善的保管,其寿命就会减少,快速老化。葡萄酒就像温室里的花朵一样需要精心的呵护。正因为如此,葡萄酒离开其产地是非常危险的事。有人难以忘怀在产地喝到的葡萄酒,因而回到国内寻找购买,但喝完以后总觉得味道不同,这很正常,原因是葡萄酒会对阳光、温度以及细微的震动有敏感的反应。最大的问题是进口葡萄酒因其较高的运输成本,大部分只能用没有温度调节功能的船只运输,这些葡萄酒有可能经历了高温或者在冬天曾被停放在港口。如此进口而来的葡萄酒就会很"疲惫"。这种"疲惫"的酒虽然品质上不会出现太大的问题,但是会影响其寿命。在韩国,进口葡萄酒100%面向老顾客,一旦确定需求就会立即进口,这是最好的办法。另外,有人也会产生越好的葡萄酒就应该及早饮用的错误想法。

欧颂酒庄干红葡萄酒(Chateau Ausone)酿酒窖。优秀的葡萄酒必然要经过长时间的陈酿,才能酝酿出平衡而丰富的味道。照片由波尔多葡萄酒联合会(CIVB/Ph.Roy)提供

如何在家保管葡萄酒

如何在家保管葡萄酒?有些人习惯将葡萄酒平躺放在纸箱里或是葡萄酒架上,但把葡萄酒放在纸箱里会面临纸屑的味道渗进去的危险,因此是不恰当的方法。要注意的是,葡萄酒应存放在较为阴凉、温差不大的地方,如地下室或是楼梯底部等。但现在大部分人居住在楼房中,因此购买专业葡萄酒柜的人越来越多。有人认为专业葡萄酒柜与普通冰箱没有什么两样,实际上,前者可以根据葡萄酒来改变温度和湿度,而后者会使温度下降太多,导致葡萄酒停止发酵,而且会因为软木塞的干燥而造成氧化。并且葡萄酒柜没有普通冰箱那样会产生震动的电动机,因而可以很好地保存葡萄酒。

波尔多葡萄酒联合会（CIVB/Ph. Roy）提供

如何处理喝剩的葡萄酒

原则上，葡萄酒应在开封以后一次喝完，但有时会喝不完，剩下的扔了可惜，又不能随便放着。喝剩的葡萄酒的最大敌人是空气。如果葡萄酒和空气接触，就会立即氧化，使味道发生变化。因此储存喝剩的葡萄酒最正确的方法是隔绝空气，使用真空泵或是充入惰性气体。用塑料制成的真空泵以及瓶塞可以在葡萄酒专卖店买到，这样可以使瓶内变成真空，喝剩下的葡萄酒能储存一个星期左右。

此外，喝剩的葡萄酒还可以用来做菜。例如，我们所熟悉的葡萄酒五花肉，用葡萄酒来腌制肉，可以去掉肉类特有的腥味并让肉质变得松软。韩国著名的指挥家郑明勋还是一位厨艺了得的厨师，他用喝剩的葡萄酒制作出的各种葡萄酒醋非常受欢迎。葡萄酒醋有着葡萄酒特有的香气，可以用于调味。

Chapter 2

世界著名葡萄酒的全球化市场营销

世界著名的葡萄酒并不是一天酿成的，
那需要持久的努力。
在纷繁复杂的国际形势中将自身的缺点
转变为优点，
并将自身的优点最大化，
这是在面对激烈的全球化市场竞争时
必须做到的。

Old World

&

New World

旧世界葡萄酒和
新世界葡萄酒

　　葡萄酒按产区分大致可分为旧世界葡萄酒和新世界葡萄酒。本章将对成功的葡萄酒市场营销进行解析,这些分析能帮助我们进一步了解世界葡萄酒,而且一款成功的葡萄酒背后隐藏着许多市场营销和商业故事,这在商务聚餐上会很有用。

　　但用相同的比重对各国的葡萄酒逐一进行评价是不恰当的,因为法国葡萄酒的市场份额非常高,其变化对他国葡萄酒市场有着深刻的影响。基于此,本人选出 10 种法国葡萄酒,并在其他国家的葡萄酒中选择了具有代表性的成功案例,不过这些成功案例并不代表那个国家所有的葡萄酒。本人介绍这些葡萄酒是为了让读者更加容易地理解各国的葡萄酒,通过对各国葡萄酒的认识,能够发现更多新的葡萄酒并进一步了解,从而使本书成为读者学习葡萄酒知识的基石。

罗讷葡萄酒联合会（Inter Rhône/Alain Gas）提供

以历史和传统为荣的旧世界葡萄酒

　　有人说,以法国葡萄酒为代表的旧世界葡萄酒太难懂了。那是因为葡萄酒就像故乡一样,每个地域的葡萄园都具有其鲜明的特点。从许多有关葡萄树的神话中我们就可以了解,旧世界葡萄酒的起源与人类的起源一样历史悠久。正因为如此,旧世界葡萄酒可以说是具有悠久的历史和传统。葡萄酒自身的历史感,具有相当高的价值。

　　但是在葡萄酒产业的发展历程中,最受人瞩目的是 20 世纪初期。因为在过往的长久历史中原本只是生活的一部分的葡萄酒,从这个时期开始出现质量上的提高和顶级化的趋势,从而使其从单纯的食品变为奢侈品。在此变化潮流中存活下来的旧世界葡萄酒虽不是全部,但大多数都是以悠久历史和传统为依托的高级葡萄酒,因此他们在进行市场营销时也会采取固守传统的立场。

法国波尔多　大宝庄园、玛歌堡、木桐酒庄、柏图斯酒庄
法国勃艮第　罗曼尼·康帝、伏旧园、香贝丹、薄酒莱
法国罗讷河　教皇新堡酒
法国香槟区　唐·培里侬香槟
德国　迟摘酒
意大利　超级托斯卡纳
葡萄牙、西班牙　波特酒和雪莉酒

品牌名称成为成功的钥匙
大宝庄园（Chateau Talbot） 法国波尔多

在韩国人气最高的2000年份大宝庄园葡萄酒，这款酒是近10年来销售成绩最好的佳酿。

简短、感性、易记的品牌名称可以改变一个商品或企业的命运，在全球范围内享有极高价值的可口可乐、微软、IBM、耐克等品牌无不如此。更有甚者，有时为了直观展现商品形象，商家会使用一些名人的名字作为品牌，大宝庄园就是其代表之一。

**百年战争与波尔多葡萄酒，
圣女贞德与大宝将军**

百年战争是法国与英国之间为争夺波尔多而发生的战争，战争前后经历了100多年。当时，法国国王的统治力并不强，阿基坦（如今的波尔多）、诺曼底、勃艮第为公爵领地，香槟、布列塔尼、法国西部旧州安茹为伯爵领地，国王的势力无法支配这些地区。但法国国王路易七世与当时的女强人、拥有法国西南部阿基坦等广大土地的埃莉诺结了婚，违背了皇室不得获得这块土地的结婚条件。后来，埃莉诺与路易七世离婚，与安茹的伯爵，同时也是诺曼底公爵的亨利结婚，并把自己所拥有的土地作为嫁妆全部带走。机缘巧合,两年后,亨利成为英国国王,也就是后来的亨利二世(狮心王理查德的父亲)。1154 年,亨利二世继承王位时,除了继承原先安茹的土地,也继承了诺曼底、勃艮第、利摩日、加斯科尼、阿基坦等土地,占据了法国大半个领土,这无疑为百年战争埋下了祸根。但在波尔多属于英国的时期,波尔多葡萄酒通过英国的强大贸易能力在欧洲得到极大的发展,使波尔多成为著名的葡萄酒产地。完美的气候和土壤环境,加上身为贸易港的优势,造就了波尔多这块种植葡萄和销售葡萄酒的宝地。

百年战争的结局,使我们认识了登上历史舞台的圣女贞德与大宝将军。我们不妨回想一下电影《圣女贞德》中的一个画面:百年战争接近尾声时,如同及时雨一般降临的圣女贞德曾进军奥尔良。圣女贞德一心想要从异教徒的手中解救法国,但同时也不愿牺牲敌军的性命。于是,圣女贞德单枪匹马冲入敌军军营,并且口中念道:"我不想看到血肉横飞,你们就撤军吧。"听完这句话主动撤军的英国将军就是托博(Tober),用法语发音就是"大宝"。他后来参加了卡斯蒂永

法国波尔多圣朱利安酒村龙船庄和大宝庄园的标志牌。

(Castillon) 战斗，最后壮烈牺牲。大宝庄园就是为了纪念英国将军托博而得名。法国人将英国人的名字用在最能代表法国的葡萄酒身上，而且对方还是同自己打了100多年仗的敌国将领……虽然我们无从亲眼得见托博将军的风采，但通过上述故事也能知其气概品质是何等的高尚。

大宝庄园在韩国更受欢迎的原因

虽然大宝庄园在法国葡萄酒中能够入选顶级葡萄酒，但韩国人对大宝庄园的热情显然是有点过头了。这款葡萄酒的名字在韩国是最为家喻户晓的，就算是不懂葡萄酒的人也会偶尔听说过一两次，其原因在于这款酒的品牌名称简短、易记、易读。普通的葡萄酒就算是想要正确发音也很困难。在这种情况下，对于葡萄酒不太了解的消费者来说，只听一次便能留有印象的葡萄酒恐怕就只有大宝庄园了。20世纪70年代，韩国酒界准备面向全球开展商业贸易。因为提及大宝庄园可以显示出一副内行的模样，而且虽是高级葡萄酒，但大宝庄园价格比较适中，口感上乘，又容易发音，因此，这款酒自然就在韩国进口葡萄酒中扮演了不可或缺的角色。

最近，更是有人将本来人气就很高的大宝庄园的热度进一步提升，他就是在2002年"世界杯"上成为韩国人心目中的英雄的希丁克。希丁克一手将韩国队送进了世界杯四强。在此之前，进军16强时他说了这样一句话："今天晚

大宝庄园的另一产品"大宝王子"。

上想喝上一杯葡萄酒，好好休息一下。"那晚他喝的葡萄酒就是1998年份的大宝庄园。希丁克一直对大宝庄园情有独钟。这款葡萄酒热烈中透着温柔，与希丁克的形象十分贴切。

因产量稀少而受到藏家钟爱的大宝庄园干白葡萄酒（Chateau Talbot Caillou Blanc）。

Wine Profile

大宝庄园　Chateau Talbot

- **产地**　圣朱利安＜梅多克＜波尔多＜法国
- **等级**　波尔多特等葡萄园4级（BORAEAUX 1855 CLASSIFICATION）
- **葡萄比例**　赤霞珠66%，梅乐26%，小维尔多5%，品丽珠3%
- **葡萄酒类型**　干红，中等至饱满酒体
- **特点**　深紫红色，有柳杉、香草的香气以及黑醋栗、樱桃和熟透的黑色浆果的味道。
- **价格**　1994年份约160美元，1996年份约170美元，1998年份约130美元，1999年份约130美元。
- **其他**　副牌酒是大宝王子(Connétable de Talbot)。白葡萄酒有用品丽珠和赛美容酿制的大宝庄园干白葡萄酒（Caillou Blanc）。

以不变的传统铸就传奇
玛歌堡（Chateau Margaux）法国波尔多

　　玛歌堡的网站主页上有这样一句话："Chateau Margaux does not belong to us, we belong to it."（并非玛歌堡属于我们，而是我们属于它。）这反映了玛歌堡对固守传统的骄傲。将一项传统原封不动地世代传承下来，其实并不是一件容易的事情。从几百年前就开始在相同地点生产同样品质的东西，仅凭这一点就很容易让消费者产生信任感。玛歌堡的做法告诉我们，任凭时代飞速变化和发展，总有一些东西不会轻易改变。大部分能够成为名品的商品都是以"不变的传

花4亿美元购买的酒庄，现如今已经归Corinne Mentzelopoulos所有，它被认作是法国重要的文化遗产。

统"作为武器,因为无论多贵的价格还是会有消费群体购买。物品是有时效性的,但这些名品却不会因过了时效而变得破旧或者被扔掉,而是时间越长价值就越凸显。就算不显露也会彰显其威严,独具风格,200年来为保证品质始终如一地坚守着传统,这便是玛歌堡。

玛歌堡和酒庄城

Chateau 在法语中是"城堡"的意思,但对于葡萄酒来说,"玛歌堡"具有更复杂的意思,还指种植葡萄树的园地、酿造葡萄酒的地方。就算在玛歌也不是所有的葡萄园都有酒堡,那么没有酒堡的葡萄园为什么也用"玛歌"这个名字呢?这里有一段葡萄酒制造商和消费者的认识过程。早在1833年,波尔多一级葡萄酒中只有玛歌堡用了"玛歌"这个名称,但是在1855年巴黎万国博览会上,波尔多葡萄酒公开建立分级制度时,用"玛歌"命名的葡萄酒增加了5个。在20世纪,出现了当地进入分级体系的葡萄酒都以"玛歌"命名的现象。当时的酿酒者认识到葡萄酒是大自然赐予的礼物,同时也是人类酿造传统的结果,因此历史和传统开始在市场定位上占据重要的位置。

18世纪末发明的石板印刷术,使得酒标成为有力的宣传手段。葡萄园园主们致力于提高酒标的价值,并且争相使用"玛歌"这个名字。这个现象也影响了新世界的葡萄酒。现在"玛歌"这个名字不仅仅是法国在使用,澳大利

迷上玛歌堡的海明威给自己的孙女取名为玛歌·海明威。在电影《失乐园》中一起自杀的两位主人公最后喝的酒就是玛歌堡。

亚、美国、加拿大的葡萄酒庄也在使用。就算所有的葡萄酒商都被这股风潮所席卷，但玛歌堡依然以真正的传统和不变为象征，一直使用至今，玛歌堡酒标上的城堡正是品质不变的象征。

成为法国骄傲的葡萄酒

人们称呼葡萄酒名时经常去掉"酒庄"两字而直接叫"拉菲"或"拉图"，但玛歌堡却叫其全名。

酿制玛歌堡的木桶由其亲自制造。

虽然在玛歌生产的葡萄酒都在使用"玛歌"这个名字，但玛歌堡却是独一无二、无人能比的一个。1949年，当时的联邦德国总理康拉德·阿登纳将两次大战的谢罪场所定在玛歌堡，就是因为对于法国人而言，玛歌堡有着象征意义。"二战"后的14年里，康拉德·阿登纳接受了美国的援助，使联邦德国的经济得到复兴，并在国际上重新树立起自己的地位。

玛歌堡的副牌酒玛歌红亭（Pavillon Rouge du Chateau Margaux）干红葡萄酒，产自树龄更年轻的葡萄树，味道更加活泼。

用100%长相思葡萄酿制的玛歌白亭（Pavillon Blanc du Chateau Margaux）干白葡萄酒拥有细腻、优雅的口感。

Wine Profile

玛歌堡　Chateau Margaux

- **产地**　玛歌<梅多克<波尔多<法国
- **等级**　1级（BORAEAUX 1855 CLASSIFICATION）
- **葡萄比例**　赤霞珠75%，梅乐20%，小维尔多5%
- **葡萄酒类型**　干红，饱满酒体
- **特点**　细腻，柔滑，是波尔多葡萄酒中最华丽、最女性化的。其独特的水果香是其他葡萄酒无法相比的，其丝绸一样的触感以及长时间的余味令人印象深刻。
- **价格**　1992年份约540美元，1997年份约320美元。
- **其他**　副牌酒是玛歌红亭，虽不如正牌酒浓郁，但价格平易近人。白葡萄酒有玛歌白亭。

以不知疲倦的冒险精神获胜
木桐酒庄（Chateau Mouton Rothschild）法国波尔多

罗斯柴尔德家族不仅在世界各国拥有石油、钻石、金、铀、葡萄酒、休闲、百货、金融等产业，还在世界经济、政治、文化等方面有着强大的影响力。在古玩市场创造了巨大财富的罗斯柴尔德和他的五个儿子，分别在法兰克福、伦敦、巴黎、维也纳、那不勒斯积累了巨大的财富，从而控制着世界经济。但是拥有巨大财富和地位的罗斯柴尔德家族在经营葡萄酒的道路上并非一帆风顺，如今的成果乃是他们不断自我创新和挑战造就的，以不屈的冒险家精神最终成就木桐酒庄，这让人联想到创造无限可能的企业家。

为了纪念千禧年，在酒标上画上象征酒庄的羊的图案，并拥有最好年份的2000年份木桐酒庄葡萄酒。

曾被划归为二级的一级葡萄酒

设立罗斯柴尔德伦敦分部的罗斯柴尔德之子纳撒尼尔1850年移民到法国，他打算自己酿制葡萄酒招待来宾，并在1853年买下了位于法国波尔多中心的木桐酒庄。两年后的1855年，波尔多葡萄酒业发生了一桩历史性事件，即参加巴黎万国博览会的葡萄酒将被分为不同的等级。这一次，木桐酒庄经历了被评为二级的伤痛。纳撒尼尔在这次经历后留下了名言："First I can not be, second I do not choose to be, Mouton I am."（未能第一，不甘第二，我乃木桐。）

菲利普男爵的挑战精神

1922年，年轻的菲利普男爵在20岁时接手了木桐酒庄，从此开始了一系列的改革。本来他们只是葡萄酒的生产商，依赖葡萄酒商的收购进行销售，酒庄利润微薄。菲利普男爵从1924年开始自己销售葡萄酒，并在酒庄进行灌装（即Mise en bouteilles au Chateau，高档葡萄酒的酒标都会注明"酒庄灌装Chateau bottling"）。这在当时是创新之举，至今全世界葡萄酒行业依然在使用这种方式。

在长达100米的酒窖里，存放着代表木桐酒庄历史的葡萄酒。

菲利普邀请有名的画家绘制商标，至今为止没有画家拒绝过。

此外，菲利普还使酒标展示出艺术气息。他首先邀请了画家简·卡鲁画出羊头（Mouton 在法语里表示羊头）和 5 个箭头（罗斯柴尔德家族的象征），把它用在 1924 年份的葡萄酒商标上。1945 年，为了纪念法国反法西斯胜利，他将带有 V 字的 Philippe Jullian 的画融入葡萄酒的商标里。此外，他还请米罗、达利、夏加尔、毕加索等著名画家参加了商标的创作活动，参加此项工作的画家们收到的报酬则是当年年份或其他年份的木桐庄园葡萄酒。到目前为止，没有一位画家拒绝过邀请。全世界的收藏家们每年都期盼着这样创造出来的具有品牌价值的商标设计。如今，这种商标设计的方式也被其他葡萄园所模仿（美国的金舞庄园系列和澳大利亚的露纹酒园系列等）。

木桐永远是第一

菲利普男爵最大的功劳就是令当时被评为二级的木桐葡萄酒重新跻身一级葡萄酒之列。菲利普男爵从未承认过木桐是二级葡萄酒，甚至是极力地否认，这是因为 1855 年评级的标准是葡萄酒的价格。拉菲堡和木桐酒庄的竞争由来已久。1868 年，当时以罗斯柴尔德大男爵的身份称霸的纳撒尼尔的叔父兼岳父詹姆斯收购了既拥有悠久的酿酒历史，又因供给王室而名声远扬的拉菲堡。就这样，罗斯柴尔德家族的两个分支就成为了竞争关系，尤其是葡萄酒的价格竞争将他们的关系变得更为紧张。如果木桐提高酒价，拉菲就会制定更高的价格。事实上，当时与拉菲价格不分上下的木桐没有理由不进入一级的行列。在100多年后的1973年，木桐终于突破重围，得到了曾任农业部长、后任法国总统的希拉克的认可，使其重新被评为一级。饱经风霜的菲利普男爵为了庆祝木桐的升级以及纪念毕加索的逝世，在商标中加入了毕加索的水彩画，并在此款酒标中首次也是最后一次记载了其座右铭："First I am, second I was, Mouton does not change."（我现在是第一，曾经是第二，木桐从未改变过。）

与罗伯特·蒙大维共同创造"第一号作品"

菲利普男爵令人惊叹的创举并没有停止。当时法国人对美国加州的葡萄酒并没有多少关注，但是菲利普想到邀请美国加州酒庄共同酿制葡萄酒可能会对销售有所帮助，因此，他在1978年邀请了纳帕谷的蒙大维。1980年4月，巴黎和旧金山的媒体纷纷报道了法国和美国共同酿造新的葡萄酒"第一号作品"(Opus One 在拉丁语中是"第一号作品"的意思）的新闻。

拥有果断地将新的想法付诸实践的冒险精神的菲利普男爵不仅创造了木桐酒庄的辉煌，也为葡萄酒行业开辟了新的道路。他既是电影制作人，也是全能运动员，还是出版诗集并翻译英文诗的文学家。他将多种多样的兴趣和才能用于葡萄酒产业，使葡萄酒上升到了艺术的层面。

如今的董事长菲律苹 (Phililline de Rothschild) 男爵夫人也同样追随自己的父亲，将艺术才能和经营才能发挥得淋漓尽致。她在1981年主办了包括20世纪最著名艺术家作品在内的木桐酒庄著名葡萄酒商标展览会。1988年，木桐酒庄的销售业绩更是比其父亲在世时增加了两倍以上。到了1997年，她推出了与智利产量第一的干露酒庄

1924 JEAN CARLU

1945 PHILIPPE JULLIAN

1946 JEAN HUGO

1947 JEAN COCTEAU

1948 MARIE LAURENCIN

1949 ANDRE DIGNIMONT

1950 GEORGES ARNULF

1951 MARCEL VERTES

1952 LEONORFINI

1953 CENTENARY YEAR

1954 JEAN CARZOU

1955 GEORGES BRAQUE

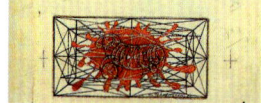
1956 PAVEL TCHELITCHEW

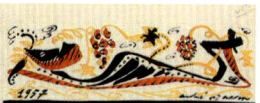
1957 ANDRE MASSON

1958 SALVADOR DALI

1959 RICHARD LIPPOLD

1960 JACQUES VILLON

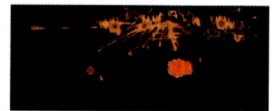
1961 GEORGES MATHIEU

1962 MATTA

1963 BERNARD DUFOUR

1964 HENRY MOORE

1965 DOROTHEA TANNING

1966 PIERRE ALECHINSKY

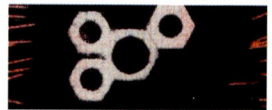
1967 CESAR

1968 BONA

1969 JOAN MIRO

1970 MARC CHAGALL

1971 WASSILY KANDINSKY

1972 SERGE POLIAKOFF

1973 PABLO PICASSO

1974 ROBERT MOTHERWELL

1975 ANDY WHAROL

1976 PIERRE SOULAGES

1977 TRIBUTE TO THE QUEEN MOTHER

1978 JEAN-PAUL RIOPELLE

1979 HISAO DOMOTO

1980 HANS HARTUNG

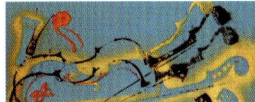
1981 ARMAN

1982 JOHN HUSTON

1983 SAUL STEINBERG

1984 AGAM

1985 PAUL DELVAUX

1986 BERNARD SEJOURNE

1987 HANS ERNI

1988 KEITH HARING

1989 GEORG BASELITZ

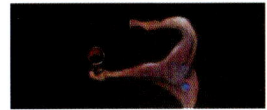
1990 FRANCIS BACON

1991 SETSUKO

1992 PER KIRKEBY

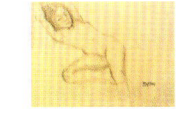
1993 BALTHUS

1994 KAREL APPEL

1995 ANTONI TAPIES

1996 GU GAN

1997 NIKIDE SAINT PHALLE

合作的葡萄酒"活灵魂"(Almaviva)，把木桐葡萄酒王国的势力扩展到了全世界。

Wine Profile

木桐酒庄　Chateau Mouton Rothschild

- **产地**　波仪亚克<梅多克<波尔多<法国
- **等级**　波尔多特等葡萄园1级 *(1ere Grand Cru Classe)*
- **葡萄比例**　赤霞珠 85%，梅乐 5%，品丽珠 10%
- **葡萄酒类型**　干红，饱满酒体
- **特点**　充满黑加仑、薄荷和草的香气，是能够感觉到柔和的单宁和结实的框架的酒体饱满的葡萄酒。由于赤霞珠的含量非常高，因此可以储存20~50年。
- **价格**　1993、1994 年份约400美元，1999年份约600美元，2000年份约1200美元。
- **其他**　副牌酒是小木桐（*Petit Mouton*）。

菲律苹与罗伯特·蒙大维共同创造"第一号作品"。

最高价格的保证
柏图斯酒庄（Petrus）法国波尔多

"上帝啊，在我死之前让我喝一口柏图斯吧！"纽约著名的专栏作家Liz Smith以埋怨的口吻喊出了这句话。

对于追求完美的人来说，价格与市场是相对应的。高价政策，即贵族市场营销到处存在，当然在葡萄酒界也不例外，葡萄酒中最成功的例子要数柏图斯酒庄了。

6瓶需要80000美元

据说2001年6月，在英国有4个人一天晚上的酒钱就达到了约80000美元，而且还打算用公司的经费来支付。但是这天文数字只是6瓶葡萄酒的价格。到底是什么样的葡萄酒值这么多钱呢？他们喝的就是柏图斯酒庄所产最昂贵的两瓶葡萄酒和罗曼尼·康帝葡萄酒，以及一瓶世界级甜葡萄酒——狄康堡葡萄酒。其中最昂贵的是1945年份的柏图斯，仅这一瓶的价格就达到了18000美元以上。这4个人都是葡萄酒爱好者，事件始于其中的一位试探着问了一下这家饭店里是否有1945年份的柏图斯，出乎意料的是，这家饭店竟然有这种酒。于是他们为了纪念如此巨大的惊喜，进行了最后的晚餐。

　　以教皇柏图斯一世之名命名的柏图斯葡萄酒，称其为世界上最珍贵的葡萄酒也并不过分。约3万平方米的面积，年生产量仅为3万～4万瓶，而且以配额进行销售。柏图斯是将95%以上的梅乐作为单一品种酿制而成的，波美侯地区生产的葡萄酒较一般波尔多葡萄酒色泽浓厚，味道也更加醇厚柔和。

　　但它的名声并不仅仅是通过少量生产的贵族市场营销以及优越的自然条件而得来的。到了收获季节，如果下起了雨，酒庄会利用直升机的动力制造风把葡萄吹干。不仅如此，他们不会因为早上天气晴朗就将农夫们打发到葡萄园里，也绝对不会在中午之前让他们投入到葡萄园的工作中。这是由于到了下午，葡萄上的露水已经蒸发，葡萄粒会变得干燥，葡萄的成熟度得到提升，此时的味道最佳，因此要在这一最佳状态下采摘。

产量非常小以至于不能称为庄园的柏图斯酒庄葡萄酒酿造厂。

女主人鲁芭夫人，用柏图斯计算

柏图斯在1878年的巴黎博览会上获得了金奖，但是由于产量较少，并没有传播到外国。柏图斯正式被世界所认识是在第二次世界大战以后，让其声名达到顶点的，是在1945年收购酒庄的饭店经营者鲁芭夫人。1950年前后，这种葡萄酒出现在纽约最高级的法国餐厅菜单里，被上流人士饮用，在上流社会中受到青睐。由于当时的女主人鲁芭夫人是社交名媛，遂被邀请到伊丽莎白二世的婚礼上。鲁芭夫人曾经在英国最高级的法国餐厅就餐结束时，发现身上带的钱不够，便不慌不忙地让人拿出事先准备好的柏图斯，以此作为餐费。这足以表明鲁芭夫人对柏图斯的信心，从这个独一无二的事例中我们可以看出当时上流社会对柏图斯的高度认可。

Wine Profile

柏图斯酒庄　　Petrus

- **产地**　波美侯<波尔多<法国
- **等级**　在波美侯不分等级，但是在价格上占据了最高等级
- **葡萄比例**　梅乐95%
- **葡萄酒类型**　干红，饱满酒体
- **特点**　巧克力与松露的香气相融合，醇香且余味无穷。
- **价格**　1988年份约2500美元，1992、1994年份约1600美元，1993年份约1800美元。

Wine & Story

乐邦　Chateau Le Pin

　　乐邦是位于法国高原地区的一个村子,这种酒就是以村落的名字命名的。波美侯地区至今还没有正式的等级分类标准,也不受波尔多等级分类的约束,但其出产的葡萄酒的价格与最高级的葡萄酒相当。乐邦之所以受到中产阶级葡萄酒爱好者的青睐,是因为这是葡萄酒收藏家们疯狂收集的首个车库酒。

　　乐邦的名字源于后院的一棵松树。葡萄园位于二层楼房的后院,是一个年生产量为500～600箱(6000～7000瓶)的小庄园。由于这里的葡萄酒产自平均树龄为32年的葡萄树,而且庄园内拥有能够使葡萄酒的味道更加浓厚的黏土,所以这里酿出的葡萄酒味道非常丰富饱满。乐邦通常由92%的梅乐和8%的品丽珠混合酿成,所以品酒时既能感受到清爽的水果味道,又有复杂丰富的口感,因此人们通常用"异国"或"愉快"等词汇来形容该酒。

　　乐邦的颜色呈深红色或紫色,是融合了浓稠的咖啡香、烟熏、辛辣、黑樱桃等水果味道,具有强烈的单宁味和水果香气的葡萄酒,所以刚刚酿造出来时品尝味道也很好,但若经过15年的储存后再品尝,味道将达到极致。这种葡萄酒的味道可以与1995年份的柏图斯相媲美,已经得到酒界的认可,是年份越久越受瞩目的葡萄酒。

波美侯的两大巨头之一、向柏图斯酒庄提出挑战的乐邦。

稀缺的好酒
罗曼尼·康帝（Romanée-Conti）法国勃艮第

如果说柏图斯代表了波尔多最昂贵的葡萄酒，那么罗曼尼·康帝就代表着勃艮第最昂贵的葡萄酒。这种葡萄酒的年产量也只有6000瓶，与柏图斯酒庄相比更少。由于产量少，所以在数百年间品尝过罗曼尼·康帝的人屈指可数。完全没有接触过的人并不能很好地了解这种葡萄酒，只能根据少数亲自品尝过这种葡萄酒的人发出的赞美之词隐约推测出它的味道。

以高端制胜的特级葡萄园——罗曼尼·康帝

罗曼尼·康帝位于勃艮第地区的"黄金坡"，是罗曼尼酒村的特级葡萄园。这里以前是圣维望的重要修道院，进入17世纪以后，由于修道院被废弃，经历了许多曲折。1706年，在经过路易十五的堂兄康帝亲王与路易十五的情妇蓬皮杜夫人间的竞争后，酒庄最终被康帝亲王收购，并被命名为现在的罗曼尼·康帝。

由于其独特的味道，在进入口中之前，不妨先用鼻子感受其气味。

罗曼尼·康帝与勃艮第产的其他葡萄酒相似，由90%以上的黑比诺葡萄品种酿成。这种葡萄有个非常有趣的特征，葡萄树为了在贫瘠的土壤中生长，不断往土壤里扎根，树根扎得越深，所吸收的营养成分越丰富。因此，即使是用同一村落、同一品种的葡萄树所产的葡萄，酿造出的葡萄酒的味道也都不一样。从这个方面看，勃艮第地区红葡萄酒的味道与其说是葡萄品种的味道，不如说是土壤的味道。也正因为此，人们对这片土地的热爱之心更为强烈。倘若此地的土壤由于风或雨的作用而被堆积到山坡的下方，人们会将这些土壤收集起来重新放回原处。这不仅是因为他们不能扔掉一寸土地，还象征着他们在严苛的生产过程中付出的努力。

"独有"的两种意义

罗曼尼不仅是村落的名字，更是代表着勃艮第葡萄酒中最高等级的特级葡萄园的名字。从只有足球场那么大的葡萄园生产出来的罗曼尼·康帝的酒标上我们能看到"MONOPOLE"（独有）的字样，这意味着这种酒是在单一的葡萄园里生产的，即生产罗曼尼·康帝的葡萄园是世界上独一无二的。但是，独有也意味着垄断。由于是世界上独

收集堆积在山坡下的土壤，重新放到小山丘上。酿出世界上最美味葡萄酒的罗曼尼·康帝葡萄园，从远处望去可见农夫辛勤劳作的身影。

值得与罗曼尼·康帝一起购买的当地所产其他葡萄酒，包括罗曼尼·康帝在内，一套共12瓶，2000年份约12700美元，2001年份约14900美元。

一无二的商品，而且产量很少，所以尽管酒价昂贵却有很旺盛的市场需求，对于罗曼尼·康帝来说，这是理所当然的结果。而且进口商或零售商为了购买罗曼尼·康帝，会不惜一切代价购买本酒庄的其他葡萄酒，比如购买另外5种，才能获得购买罗曼尼·康帝的机会。幸好消费者可以只购买其中一瓶。

  这种可以被称为"卖主随意"的销售方式，从价格上看，1999年份的罗曼尼·康帝约为3240美元，同年该地出产的所有葡萄酒的价格几乎都能够超过2700美元，而且有的还能高达几万美元。即使价格如此昂贵，英国王室、美国白宫等少数上流阶层对这种酒的需求仍然非常旺盛。大量生产世界上独一无二的、高品质的商品是不可能的事情，也是毫无意义的事情。因此，少量生产必然会将目标群瞄准少数上流阶层，这样才可以利用大多数消费者的期待不断生产出满足未来需求的产品。

Wine Profile

罗曼尼·康帝   Romanée-Conti

- **产地**   沃恩–罗曼尼<黄金坡<勃艮第<法国
- **等级**   勃艮第特等葡萄园级（Bourgogne Grand Cru）
- **葡萄比例**   黑比诺、灰比诺占95%以上
- **葡萄酒类型**   干红，饱满酒体
- **特点**   颜色呈深红色，有竹子、香烟、烤肉、草莓、海藻的混合香气。
- **价格**   1998年份约3060美元。

以匠人精神成就国宝级葡萄酒
伏旧园（Clos de Vougeot）法国勃艮第

我们周围一直存在着历经数百年岁月洗礼仍受到人们青睐的东西。这些名品不是在某一瞬间诞生的，而是承载着数百年的岁月和在数百年间默默付出的匠人们的辛劳。经过如此漫长的岁月和努力之后登场的名品，不仅具有艺术价值，甚至还具有如宗教一般受人敬仰的崇高价值。这些单用价格来评判是远远不够的。产自法国勃艮第地区的黄金坡、具有800年传统的伏旧园正是以这种匠人精神成为国宝级的葡萄酒。

修道士的葡萄园

伏旧园既包含了村落的名字，也有"墙壁"的意思。可以理解为伏旧园是用伏旧村庄的石头围成的葡萄园，也可理解为是很久以前修道士的葡萄园。800年前西都教派修道士来到这里，用石头砌成了墙并开始隐居。他们在这里开垦荒地，并建造了葡萄园，这是为了在弥撒时准备弥撒酒。如果考虑到他们是为了给上帝奉上最美味的葡萄酒而做出了

在勃艮第地区葡萄酒中最美味的伏旧园，与罗曼尼·康帝、哲维瑞·香贝丹并称为"勃艮第名品葡萄酒"。

全凭手工将一粒粒葡萄酿造成葡萄酒的情景。

长时间的努力,那么就能够理解为什么伏旧园能成为勃艮第特级葡萄园了。在葡萄园正中央,有一座如同一艘船一样矗立在那里的中世纪建筑——伏旧园修道院。修道士们在这里栽培葡萄,酿造葡萄酒,并且不断研究开发更加美味的葡萄酒。这些诀窍口口相传,直到今天。

马赛克葡萄园

　　法国人眼中的伏旧园,就像国宝级文物一样。这种热爱是有原因的,因为只有在勃艮第地区才能够寻找到世界历史上罕见的马赛克葡萄园。马赛克葡萄园是指多人拥有同一个葡萄园,葡萄园被分割成马赛克一样。那么,修道士们的葡萄园为何会被多人所有呢?

　　1789年法国爆发革命后,贵族、王室家族及教会领导人纷纷被驱逐到国外,他们留下的财产被国家没收,这些财产中的葡萄园都通过拍卖被销售出去了。当时,6名葡萄酒生产商分别购买了伏旧园的一部分,并重复继承与分配。到如今,80余名所有者将50公顷的小规模葡萄园均等地占有了。80余名葡萄园所有者中大部分是资深的葡萄酒生产商或是以酿造的葡萄酒味道甘甜而闻名的酒庄,他们每年

被分成多个小块，能够酿造出不同味道葡萄酒的葡萄园。

将80余种酒标贴在伏旧园的葡萄酒上。令人惊奇的是，这些葡萄酒味道都各不一样。虽然使用的是同一片土地里的同一品种，但因为酿酒者个性的不同，酿造出的葡萄酒味道也各不相同。一年中酿产的80余种、2000余瓶伏旧园葡萄酒，可以称得上是"小型葡萄酒博物馆"。有的葡萄酒收藏家会将这80余种葡萄酒全部买下，细细品味其味道上的差异，甚至还有一些人热衷于收集全部的酒标，并以此为乐。

Wine Profile

伏旧园　Clos de Vougeot

- 产地　伏旧村<夜坡<勃艮第<法国
- 等级　勃艮第特等葡萄园级（Bourgogne Grand Cru）
- 葡萄品种　黑比诺，灰比诺，白比诺
- 葡萄酒类型　干红，饱满酒体
- 特点　融合了红樱桃的味道与乡土的气息，含有适当单宁酸且柔和优雅的葡萄酒。
- 价格　法维莱（Faveley）的伏旧园1999年份约198美元，路易亚都世家（Louis Jadot）的伏旧园1999年份约270美元。

因拿破仑而成名
香贝丹（Chambertin）法国勃艮第

  产品聘请哪位明星代言取决于这种产品的形象，通过这种手段可以让消费者认为自己的偶像使用的就是这种产品，从而引起消费者的兴趣。如玛丽莲·梦露所代言的香奈儿 No.5、詹姆斯·迪恩代言的保时捷、美国前总统夫人杰奎琳·肯尼迪代言的贾姬包（Jackie Bag）、影星奥黛丽·赫本代言的皮鞋等，采用的都是这种战略。在葡萄酒行业中，也存在这种战略。但是如果我告诉你这位代言的明星是拿破仑，你会是什么反应？被称为"拿破仑葡萄酒"的香贝丹就是这种明星营销的典型，即便到现在还有许多人会说："请给我一瓶拿破仑葡萄酒。"

拿破仑和葡萄酒

  出生于法国科西嘉岛阿雅克肖城、曾当过法国总司令并最后称帝的拿破仑非常符合葡萄酒王国皇帝的形象。他与葡萄酒很有缘分。拿破仑在他的一生中经历过 50 余次战争，每次在军

葡萄酒瓶身上印有东方韵味的"天地人"，让东方人感到非常亲切。

队移动过程中他都带着酒桶。拿破仑当时只喝一种葡萄酒,这就是被称为"拿破仑葡萄酒"的勃艮第产香贝丹葡萄酒。

当时,原本不是非常喜欢喝酒的拿破仑对香贝丹情有独钟,在远征俄罗斯时会随身携带香贝丹葡萄酒,后来在暂时驻留的克里姆林宫里他喝的也是这种葡萄酒。在拿破仑远征俄罗斯时,曾出现了有意思的一幕:远征俄罗斯失败后,他的酒箱被哥萨克人一抢而空。但是在拿破仑流亡回国后,大量葡萄酒又以"从俄罗斯归来的国王的葡萄酒"的名义被兜售,且价格非常昂贵。看来不管是过去还是现在,到处都存在利用名人的名声去销售的商人。

香贝丹,滑铁卢战役的败因?

香贝丹是产自法国勃艮第地区哲维瑞·香贝丹酒区的特级葡萄酒,此地的葡萄酒在勃艮第地区是首屈一指的,因此被称为"勃艮第之王"。一个人如果名声在外,那么即使是关于他的微不足道的小事也会被赋予非同一般的意义,葡萄酒爱好者们就把香贝丹葡萄酒和拿破仑的战争失败甚至是他的死亡联系在了一起。美国著名葡萄酒评论家罗伯特·帕克评论这款葡萄酒时说,香贝丹具有法力,是有品位的葡萄酒,并且说拿破仑在滑铁卢战役中失败的原因就是战争前一天没能喝到此款葡萄酒,甚至说他流亡到圣赫勒拿岛几近死亡的原因也是因为距离勃艮第如此的近却没有喝到勃艮第的香贝丹葡萄酒。话虽然有些夸张,但如若他所说的果真是事实,即使是留下了

在哲维瑞·香贝丹酒区酿造的特级葡萄酒香贝丹·贝兹干红。

给人以高贵之感的法维莱香贝丹·贝兹干红葡萄酒。

"在我的生命里没有不可能的事情"之慷慨言辞的拿破仑，也会因为此款葡萄酒经历了失败和死亡，那真可谓是一个具有讽刺意味的故事啊。

Wine Profile

香贝丹　Chambertin

- **产地**　哲维瑞·香贝丹＜上夜丘＜勃艮第＜法国
- **等级**　勃艮第特等葡萄园级（Bourgogne Grand Cru）
- **品种**　黑比诺
- **葡萄酒类型**　干红，饱满酒体
- **特点**　颜色呈红石榴色，具有橡木香、水果香和草莓香，味道如熟透的水果般柔和。
- **价格**　1997年份特等香贝丹约220美元，以酒区名字命名的哲维瑞·香贝丹价格位于108～135美元之间。
- **其他**　除了特级葡萄园生产的香贝丹外，哲维瑞·香贝丹的品质也非常优秀。

丑小鸭华丽逆转成为白天鹅
薄酒莱（Beaujolais Nouveau） 法国勃艮第

每年的 11 月来临之时，葡萄酒爱好者们都会期待一个惊喜，那就是薄酒莱的全球同步发售。起初这只是在法国流行，现在韩国也有了不少薄酒莱的粉丝，有些韩国人会像法国人一样刻意等待薄酒莱的出售，当然，与之相对，也会有人刻意贬低这种行为。薄酒莱是用佳美（Gamay）葡萄酿造而成的，佳美和用于酿造传统葡萄酒的葡萄品种

大小各不相同的"丑小鸭"葡萄，在每年11月的第三个星期四会华丽逆转成为"白天鹅"。

相比毫不起眼，它是如何以"薄酒莱刚刚到货"这一标志性语言在全世界掀起薄酒莱热潮的呢？

勃艮第的少数——薄酒莱

薄酒莱的产地位于法国白葡萄酒产地——勃艮第的南端，里昂市的北方。这一地区属于法国葡萄酒产地勃艮第，但无法栽培出用于制造顶级葡萄酒的黑比诺。然而，廉价的佳美却与当地土壤相符合，所以只能用佳美酿制出淡酒。因为用佳美酿制的葡萄酒被称作是"无法长期储存的葡萄酒"，所以当地不能像波尔多和勃艮第一样，酿造出可以长期储存的顶级葡萄酒。直到20世纪50年代初期，薄酒莱一直被认为是平民喝的廉价葡萄酒，是在里昂的大众餐厅或村庄酒吧里才有的廉价葡萄酒。

用葡萄栽培经验和酿造者洒下的汗水共同酿成的最优秀的葡萄酒，被称为"农夫经典"的2004年份薄酒莱。

乔治·杜博夫的翻身

在这里，要提及一位英雄，他就是被称为"薄酒莱皇帝"的乔治·杜博夫。他和薄酒莱当地农民们逆向思考，把危机当作机遇，这种思维后来也被称为"薄酒莱式葡萄酒战略"。这种思维被当作一种新的文化思想，风靡全球。他将使用佳美酿制的葡萄酒无法长期储存这个缺点变成了优点，运用"快制造、快饮用"的逆向思维使这种葡萄酒的销量大增。"薄酒莱在每年11月的第三个星期四的零点之前是无处购买、无处销售的"，在有人要购买的时候，他会这样告诉人家。怎么会有如此荒诞的规定呢？但人们欣然接受了这个规定，因为它变成了一种惊喜和刺激人们购买的乐趣，在葡萄酒界被称为"Fun经营，Fun销售"。薄酒莱的这种思维使当地农民无需长期储存葡萄酒，从而使得流动资金迅速增加。而且这一地区本就像波尔多一样著名，乔治·杜博夫又把拥有百年历史的铁路改造成博物馆，使当地旅游观光的收入也增加了许多。

薄酒莱的象征——背着木筐弯下腰，用手直接采葡萄的农民。

如果不是这种销售战略，而只是为了风靡一时，那么这种葡萄酒就不会受到全球人民的喜爱。薄酒莱受到全世界爱酒人的喜爱，也是交际和友情的象征，因为不难品尝，所以是所有人特别是新手的最爱。把缺点变成优点、危机变成机遇的思维方式是值得在商业上面临困难和在恶劣条件下奋斗的人们回味的。

因葡萄酒的名字而被世人知晓的乔治·杜博夫。

Wine Profile

薄酒莱　Beaujolais Nouveau

- **产地**　薄酒莱<勃艮第<法国
- **品种**　佳美
- **葡萄酒类型**　干红，轻盈酒体
- **特点**　呈清莹透亮的红宝石色与紫色，拥有樱桃、葡萄等清爽的香气。
- **价格**　售价约18美元，乡村级因具有较浓郁的味道和香气价格稍贵一些。
- **其他**　薄酒莱适合及时酿造、及时饮用。

以历史性事件与伟大的顾客相遇
教皇新堡酒（Chateauneuf-du-Pape）

法国罗讷河

韩国每年进口120瓶特利格拉夫克里克的教皇新堡酒，这是高品质葡萄酒，比起2002年份的葡萄酒，2001年份拥有更高的价值。

一座城市变成首都，不仅仅是行政区域上的变化，也会给经济带来许多变化。比如，堪培拉是澳大利亚的首都，这使我们稍稍感到疑惑，因为我们最熟悉的澳大利亚城市是悉尼和墨尔本。悉尼和墨尔本在争取成为首都这个问题上竞争得非常激烈，但最终澳大利亚将首都定在了堪培拉，原因是这座城市位于悉尼和墨尔本的中间。基于与之类似的原因，拥有着"教皇葡萄酒"称号的教皇新堡酒也成为法国人最喜爱的葡萄酒之一。

教皇葡萄酒——教皇新堡酒

当2002年教皇新堡酒在世界著名的葡萄酒杂志《葡萄酒观察家》上被评为"年度百大葡萄酒"后，该酒在葡萄酒行业愈加受到好评。从这一复杂的酒名上可以看出当时的历史，chateau是"城堡"的意思，neuf是"新"的意思，du是冠词，pape是"教皇"的意思，因此，Chateauneuf-du-Pape是"教皇的新堡"的意思。只要是对历史稍有关心的人，就会从"教皇的新堡"中联想到"幽囚"事件：11世纪，罗马教廷的权威急剧下降，法国国王菲利普四世开始接手法国教皇克里门斯五世

教皇之城虽然已被摧毁，但教皇新堡酒的名声还存在。

之职，但他未能进入罗马，所以停留在了法国阿维尼翁。新教廷建立在阿维尼翁后需要大量的葡萄酒，教皇新堡酒就是在这样的背景下诞生的。

在普罗旺斯的烈日下，热量被碎石吸收释放，能够酿造出独特味道的教皇新堡酒。

美味的秘密

阿维尼翁榆树事件：当时，教皇为了酿造用于弥撒的葡萄酒，物色了很多适合栽培葡萄的地方，其中之一就是阿维尼翁北部普罗旺斯的教皇新堡。美味的秘密源于这里的气候条件与环境。因为这里有凉爽的气候，所以当时的教皇想在这里盖别墅度过夏天。覆盖这一地区的碎石白天能吸收普罗旺斯的阳光，晚上会再把吸收的热量释放出来。教皇新堡酒是用13种不同种类的葡萄酿制而成的，每个品种独特的味道融合在一起，又会呈现出美妙并别具个性的味道。在这种混合中，起到最重要作用的歌海娜 (Grenache) 和神索 (Cinsault)

能很好表现教皇新堡酒的复杂味道的博卡斯特尔。

产量比较少的柔萨尼教皇新堡白酒。

Wine & Story

可以与养生汤搭配饮用的教皇新堡酒

这种葡萄酒在韩国可以与养生汤一起饮用。教皇新堡酒是一种成熟的葡萄酒，各种味道奇妙地融合在一起。它的味道就像韩国微辣的汤一样，净化辣味与咸味，使人有清新淡爽的感觉，可以减少肉类食物所带来的油腻感或是腥味。此葡萄酒常常被推荐给在韩国的外国人，以帮助他们更轻松地接受韩国的骨头汤。

储藏着许多教皇新堡酒的酒窖。

能给葡萄酒增加色彩，使味道更加柔和；慕合怀特(Mourvedre)、西拉(Syrah)等则提供了葡萄酒的架构和陈年能力、色泽的深度以及经典的味道。由13种葡萄酿制而成的混合葡萄酒可以称得上是"葡萄酒交响曲"，假如你能亲自品尝一下，就能体会到这句话的含义。

Wine Profile

教皇新堡酒   Chateauneuf-du-Pape

- **产地**　教皇新堡<罗讷河<法国
- **味道与香气**　是用13种不同的葡萄混合酿成的葡萄酒，有强烈的酒精以及各种不同的味道，能与韩国食物特别是汤类绝妙地融合在一起。
- **品种**　歌海娜、神索、慕合怀特、西拉等13种葡萄
- **葡萄酒类型**　干红，饱满酒体
- **价格**　1999年份博卡斯特尔庄园教皇新堡酒约121美元，2001年份老电报庄园教皇新堡酒约158美元。

以宣传创造历史
唐·培里侬香槟
（Cuvee Dom Perignon）

法国香槟区

为上帝酿造并装在瓶子里的葡萄酒酒瓶有一天突然爆裂了。在过去，这种事情经常发生，有时候还会伤到人。但是从这种酒中不断冒出来的香气非常诱人。正是由于这一原因，香槟又被人们称为"魔鬼"。这种"魔鬼"葡萄酒——香槟，随着"砰"一声的开启，会不断冒出泡沫，给人带去无限惊喜，因此也赢得了世人的瞩目。现在要让人们爱上它，剩下的只是打好宣传战。我们常常认为有气泡的葡萄酒就是香槟，但其实它是由香槟衍生出来的。而香槟之所以能够成为所有气泡酒的代名词，原因在于宣传的影响力，其中心人物就是修道士——唐·培里侬。

唐·培里侬创造香槟的历史

唐·培里侬是17世纪意大利本笃会修道士，也是法国香槟地区奥比例修道院的葡萄酒窖负责人。有一天，他在巡视葡萄酒窖的时候听到了"砰"的声音。原来是因为寒冷而停止发酵的葡萄酒到了春天又开始发酵，而在这一过程中产生的碳酸

让人心中充满爱意的唐·培里侬香槟王。

气体膨胀了。他从这种现象中得到了启发并继续研究葡萄酒，找出了制造气泡的方法，并且创造了葡萄酒混酿方法，这就是香槟酿造的精髓，也是他最伟大的成就。但是，香槟的诞生并不

能让你触及唐·培里侬灵魂的酩悦香槟（Moët & Chandon）。

是他一个人的功劳。当时在酿制香槟的过程中出现了压力与杂质处理等方面的问题。虽然压力问题可以通过倒入更坚固的瓶子来解决，但是发酵过程中产生的杂质确实是一个很难处理的问题。因为如果用传统的方法把杂质先清理掉，然后盖上盖子的话，是无法品尝出香槟的味道的。于是，与香槟有关的另一个著名人物，就是其遗孀Clicquot女士登场了。在后来与法国国王一起用餐时，她对于国王"朕就是国家"之言曾回应道："我就是香槟的女中豪杰。"

她在香槟发酵期间把香槟的瓶子每天拧紧一点，使杂质聚集在一起，最后用压力除去杂质。这一技术的发明使香槟产业迎来了一个转折点，所以说，香槟的诞生并不是唐·培里侬一个人努力的结果。

尽管如此，唐·培里侬被称为"香槟之父"还是另有缘由的。这就是源自在香槟逐渐形成产业的时代发生的激烈的宣传战，其中影响最为深远的要数当时奥比例修道院的修道士格勒夏勒的做法。他将唐·培里侬视作香槟的真正发明者，其所作所为的目的实际上是为了提升奥比例修道院的威望和名声。这

凯歌香槟——有着"伟大的女人"之含义的凯歌酒厂最佳香槟。

唐·培里侬的铜像。

个修道士自己做出的榜单最终被整个香槟界所认可,因此唐·培里侬也就成为了业界公认的"香槟之父",其"香槟之父"的名声就这样确立下来了,香槟业也就此将唐·培里侬与香槟画上了等号,其影响力一直延续至今。也正是唐·培里侬第一次品尝香槟时曾发出这样的惊叹:"我现在简直是在饮用天上的星星啊!"这惊叹使人们对香槟抱有浪漫的幻想,并且深信它的味道无与伦比。通过这位修道士的举动,香槟业还得到了其他的附加利益,那就是他将香槟带到了与修道院相关的神圣仪式上,使香槟在婚礼、洗礼式、就职仪式等场合也占据了一席之地,而且至今仍发挥着它的作用。

贵族葡萄酒香槟,成为了近代的象征

香槟虽然也属于葡萄酒,但其独特之处正在于"新"。香槟是用新的技术推陈出新的结果。推陈出新在其他商品上往往会产生很好的效果,但是在葡萄酒领域中却是例外。高级葡萄酒都是从传统延续至今的,葡萄酒的生产者们甚至为了弥补这一不足而强调葡萄酒的贵族、

在深邃的地下酒窖中,像星星一样闪耀的香槟。

在香槟酒窖中如果迷路可能会在石灰岩地下室中成为木乃伊。在这里能够目睹巨大葡萄酒产业的真面目。

王室血统，而且还聘请著名人士进行明星营销，这里的明星有包括国王在内的公爵夫人、伯爵等贵族，以及骑士、军官等。当然，这个战略奏效了。消费者们开始注意到它的形象，饮用香槟让他们觉得与这些明星有同样的地位。这样的宣传方式一直保留到现在。玛丽莲·梦露就是一位唐·培里侬香槟的热爱者，她曾用350瓶香槟洗澡。温斯顿·丘吉尔也曾说过这样一句话："香槟不仅应该为成功者准备，也应该为失败者准备。"1981年，英国查尔斯王子和戴安娜的婚礼上也选用了唐·培里侬香槟。或许大家也还记得蓬皮杜夫人曾留下的那句话："女子怎么喝香槟也不会醉。"这些都成为了将香槟广而宣之的核心内容。这样宣传的结果，就是人们现在都将香槟称为"贵族葡萄酒"。

同时赢得高贵的形象与大众的青睐

19世纪，香槟的消费对象从小众的特殊阶层扩大到了大众领域。能够拓宽到大众领域的最重要原因是新技术的发明，同时，强调香槟的消费群体是特殊阶层以及以唐·培里侬的传奇展开的宣传攻势为香槟赢得了高贵的形象与大众的好感。虽然当时强调香槟的顾客群体是特殊阶层这一点是与历史潮流相背的，但这样的宣传还是赢得了大众对香槟的喜爱，香槟从而成为兼具"高级"和"大众"形象的饮品。事实上，对于我们来说，唐·培里侬是否是香槟的发明者已经不重要了，重要的是香槟已成为喜悦与庆祝的代名词，我们总是会在这样的场合中想到香槟。即使在不曾饮用过香槟的人心目中也树立了香槟快乐的形象，这成了经济学中市场定位成功的一个典范。

Wine Profile

唐·培里侬香槟　Cuvee Dom Perignon

- **产地**　香槟<法国
- **品种**　霞多丽，黑比诺
- **葡萄酒类型**　香槟
- **特点**　有花香的味道，还有一些扁桃、杏子的味道。口感像丝绸一样柔和精致，兼具审美情趣和感官享受。
- **价格**　1995年份唐·培里侬香槟约135美元，1993年份保罗杰香槟约360美元。
- **其他**　为了向"香槟之父"唐·培里侬致敬，酩悦酒厂将其打造为顶级的香槟品牌。

法国葡萄酒的故事

French Wine Story Bank

1. 法国葡萄酒的困境,原产地名称控制 AOC

法国葡萄酒分为 AOC(Appellation d'Origine Controlle)、VDQS(Vin Delimite de Qualite Superieure)、VDP(Vin de Pays)、VDT(Vin de Table) 几个等级。其中等级最高的 AOC 受政府管制程度最高,政府严格审查该种葡萄酒的酿制是否符合生产的标准水平与规定,酒庄甚至在收成不佳的年份将大部分葡萄扔掉,以努力维持葡萄酒的质量。这种质量等级标注在酒瓶的标签上,成为选择葡萄酒的一项标准。AOC 等级的葡萄酒标签上注明"Appellation 原产地名 Controlle",Appellation 表示名称,Controlle 表示控制。即如果注明"Appellation Medoc Controlle",则表示该葡萄酒是按照梅多克地区葡萄酒酿制规定酿制的。原产地名称所指的地域范围越小,该葡萄酒的质量等级越

欧洲葡萄酒等级					
	法国	德国	意大利	西班牙	葡萄牙
最高级	AOC	QmP	DOCG	DOC	DOC
高级	VDQS	QbA	DOC	DO	IPR
中级	VDP	Landwein	IGT	VDT	Vinho Reginal
低级	VDT	Deutcher Tafelwein	VDT	Vino de Mesa	Vinho de Mesa

高，这是比较常见的现象。例如，酒标中有波尔多、梅多克、玛歌的三种葡萄酒，以波尔多 < 梅多克 < 玛歌的顺序，葡萄酒在生产过程中受到更多规定的管制，即可视为质量水平更高。

　　法国政府通过这些严格的规定提供优质的葡萄酒，从而提高了法国葡萄酒在全世界的品牌认知度。此后，许多邻国也争先恐后学习此制度，出现了德国的 QmP、意大利的 DOCG 和西班牙的 DOC 等制度。但是 AOC 制度也证明了规定是有两面性的，即无论是多么严格的规定，如果不能跟上时代的步伐，长时间固守其最初的理念，反而会降低竞争力。法国的葡萄酒生产商常抱怨说，他们试图采用新的栽培方式或酿造手段，但是因受到苛刻的法律规定而难以实行。更大的问题是，对于那些喜欢便利、单纯的现代人来说，AOC 制度过于复杂了。尤其是随着 AOC 葡萄酒的人气上升，其市场占有率开始提升，现已占据了法国葡萄酒市场的一半。况且，品质存在偏差也是现实，曾经如品质保证书的 AOC 现在也仅局限于确认原产地这一功能了。

2. 150多年不变的传统，波尔多特等葡萄园等级体系

　　特等 (Cru) 表示对优秀葡萄园的官方认可，从古罗马时代就已经开始使用。因此，特等葡萄园级葡萄酒就是指那些在被认定为最高等级的葡萄园生产的葡萄酒。这表明有人对其等级进行了分类与认定，而这个故事的起源最早要追溯到 1855 年在巴黎举行的万国博览会。

　　1851 年，英国以宣传本国商品为目的举办了万国博览会，因此，当时不甘示弱的法国皇帝拿破仑三世宣布 1855 年在法国举办万国博览会。博览会要选定各地区的参展品种，起初葡萄酒并没有被列为参展对象，但是波尔多的许多葡萄园主对葡萄酒的参展持肯定态度。为了能使葡萄酒参展，就要赋予其新的等级，这与当时的非官方等级分类相冲突，波尔多商会为此绞尽了脑汁。这时，在波尔多梅多克地区以酒商 (专营葡萄酒的商人) 的名义开展活动的那丹尼尔·约翰斯顿与受委任解决此问题的马丁·杜夫·杜维尔热一起对当时的体系进行了再次确认 (主要是根据价格进行等级分类)，历时 1 年完成了等级

木桐酒庄

拉图堡

玛歌堡

拉菲堡

红颜容

分类。对于波尔多的此项举动，勃艮第葡萄园主也表明了参展的意愿，然而却被拒绝了。巴黎万国博览会仅为波尔多葡萄酒举行了庆典。此次巴黎万国博览会在波尔多葡萄酒的历史上可谓塑造了一个"神话"，因为 1855 年制定的葡萄酒等级至今还在被使用。唯一的例外是在 1973 年，木桐酒庄被晋升为一级。这样，由特等葡萄园酿造的葡萄酒共包含一级 5 个、二级与三级各 14 个、四级 10 个、五级 18 个，总计 61 个。一级酒庄有拉菲堡、玛歌堡、拉图堡、红颜容、木桐酒庄。

3. 布波族的实用性选择——中级酒庄

波尔多特等葡萄园级葡萄酒的分类历经 150 多年而不变，这使新葡萄园生产的优秀葡萄酒难以进入其等级的情况时有发生。在当时的等级评定中被排除在外的波尔多的 444 个葡萄园从 1932 年开始通过葡萄酒口味的竞争制定了 Cru Bourgeois 等级(中级酒庄)。这些葡萄酒虽然是紧随特等葡萄园级之后的等级，但实际上，不少葡萄酒的品质优于特等葡萄园级葡萄酒，即与其名称或价格相比，品质更加优良，因此能吸引既追求完美又强调实用性的布波族的注意。

中级酒庄分为三个级别：Cru Bourgeois Exceptionnel(即特等中级庄，简称 CBE)；Cru Bourgeois Supérieur(即优秀中级庄，简称 CBS)；Cru Bourgeois(中级酒庄，简称 CB)，其中最高等级的特等中级庄级别的葡萄酒与特等葡萄园级葡萄酒相比毫不逊色。2003 年，新的中级酒庄等级在维也纳万国博览会上发表，备受人们关注。在此分类中，特等中级庄级别的 9 种葡萄酒为德碧丝庄园、查赛林古堡、奥得比斯城堡、拉贝高尔斯堡、忘忧庄园、飞龙世家庄园、宝捷庄园、雪兰城堡、波坦萨堡。

4. 波尔多葡萄酒的混酿和副牌酒

通常一说到葡萄酒，我们就会认为是在单一地区以单一品种的葡萄酿制的葡萄酒，但是实际上并非如此。当然，最近备受欢迎的新世界的葡萄酒确实是以单一品种的葡萄或是单一品种的葡萄占绝大多数混酿而成的。但是在法国，特别是波尔多，因其多样的品种、区划和近年来多样的风土，其本身就可称为是混酿的艺术。波尔多产出的红葡萄酒中，具有代表性的酿酒葡萄品种有赤霞珠、品丽珠、梅乐、小维度。在混酿过程中，这些品种各自的作用都会有所变化。

  通过混合酿造出复合且均衡的葡萄酒，这一工作是机器无法完成的，必须有长期的经验才能做到。特等葡萄园级葡萄酒在全世界受到认可，并且价格也比普通葡萄酒高出几倍，其原因在于任何人都无法超越的混酿技术。这些酒庄为了进行严格的品质管理，在混酿过程中对葡萄酒进行一次、二次甚至三次筛选。虽然是微小的差异，但就拿相当于经过一次筛选的 Grand Vin 特等葡萄园葡萄酒来说，少筛选一次，就说明是未能达到品质标准的葡萄酒，将作为副牌酒 (Second Vin)。已经广为人知的副牌酒有拉菲堡的拉菲副牌、拉图堡的小拉图、玛歌堡的玛歌红亭等。当然，一般副牌酒与 Grand Vin 相比，多少会显得酒劲不足或不够浓郁。但是如果遇到好的葡萄酒，不仅能发现品质最佳的副牌酒，而且其饮用的最佳时期也会比 Grand Vin 更早。

5. 勃艮第的葡萄酒等级体系

勃艮第的葡萄酒等级体系与波尔多有所差别，它分为 4 个等级，位于最低等级的使用地区名称 (Region)，它的上一等级使用该地区中村庄的名称 (Commune, Village)，一级 (Premier Cru) 注明生产该葡萄酒的村庄名称和葡萄园的名称，特级 (Grand Cru) 不会标示村庄名称，只注明生产该葡萄酒的葡萄园名称。

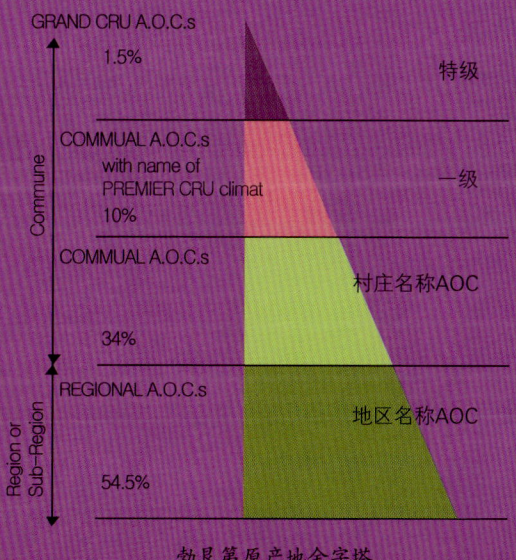

勃艮第原产地金字塔

失误造就的伟大
迟摘酒(Spätlese) 德国

任何人都难免会失误。但这种失误有时会成为伟大发明的动机,其中典型的例子就是以甜葡萄酒而闻名世界的德国葡萄酒"迟摘酒"。

德国以啤酒之国而著名,但事实上,这里也因出产品质优良的白

摩泽尔河作为葡萄酒栽培的北方控制线,其周边的葡萄园得益于陡峭的山坡地形而使葡萄更加容易成熟。

葡萄酒而闻名世界。但是德国的葡萄园事实上不具备生产葡萄酒所需的最佳条件，因为德国位于北纬50度附近，一年当中的天气均比较凉爽，日照量不足。由于阳光不足，这里栽培的葡萄具有糖分少且酸度高的特点，因此酿出的葡萄酒酒精含量平均低8%～10%，而且酸味较浓，不适合酿制红葡萄酒。在这里，白葡萄酒产量占葡萄酒整体产量的85%。那么，在这种条件下，著名的甜葡萄酒——迟摘酒是怎样诞生的呢？

迟摘

　　故事要追溯到1775年残夏，以葡萄酒产地而闻名的莱茵高地区的一个修道院里。这里拥有许多葡萄园，该修道院里有负责栽培葡萄与酿制葡萄酒的修道士。他同往常一样，在收获葡萄以后，为了确定所收获葡萄的好坏，将葡萄送给离修道院有150千米之远的大主教品尝。但是，一个星期就能到达的勤务兵过了三个星期才到达，雪上加霜的是，由于天气过于良好，葡萄熟透了，他便把还未采摘的葡萄摘下并酿成了葡萄酒。第二年，大主教所在修道院里的葡萄酒专业人士按顺序品尝来自各地区的葡萄酒样品时，不禁为这香甜并且与众不同的葡萄酒所惊讶，便询问勤务兵是如何做到的。面对这突然的询问，

代表迟摘酒酿造由来的约翰内斯堡铜像，铜像的下面刻有"1775"字样。

勤务兵下意识地说道:"Spätlese(late harvest)."这就是"迟摘"的意思。迟摘反而提高了葡萄的甜度,从而酿制出了香甜的葡萄酒。

尽可能晚一些

迟摘酒一诞生,葡萄酒生产商都争先恐后地开始推迟收获期。其中,稍微晚一段时间收获而酿成的是精选酒,在葡萄腐烂之前用手将充分熟透的葡萄粒采摘酿成的是逐粒精选酒。"逐粒"在英文中意为"berry",即强调是每一粒葡萄的意思。更高等级的是冰酒(Eiswein)。冰酒正如其名,是用冰冻的葡萄酿制出来的。推迟收获而能获得的最大成果是贵腐葡萄,即尽量推迟收获,遇到严苛的气候条件(夏天晴朗,超过收获期,晚秋上午的凉霜与午后晴朗的太阳),经过反复冰冻与开化作用诞生了被称作"贵腐霉"(noble rot)的葡萄。在这种葡萄里

根据葡萄成熟程度的不同可酿成卡比纳、迟摘酒、精选酒、逐粒精选酒、冰酒、枯萄精选酒。

每逢葡萄收获期,葡萄园会测定糖度来决定收获期,这样的场景随处可见。

如果负担不起高价的德国或加拿大产冰酒,不妨试一下新西兰产的。

繁殖了被称为 Botrysis cinerea 的细菌,这种细菌在消除果实水分的同时能够浓缩其糖分和口味,用干葡萄粒制成的葡萄酒便是格外香甜的枯萄精选酒 (Trockenbeerenauslese)。在这里,"Trocken"(干枯)并非葡萄酒的口感不甜的意思,而是表示像干葡萄粒一样皱巴巴的意

在冰冻的葡萄开化之前用手逐一采摘。

思。逐粒精选酒是指所用的葡萄变坏前对葡萄进行筛选而使用,枯萄精选酒则是指特别从其中选取更皱巴巴的干葡萄粒来酿酒。

越甜等级越高的德国葡萄酒

正如谚语中所说的:"在葡萄成熟的过程中,100天的阳光造就好葡萄酒,120天的阳光造就伟大的葡萄酒。"德国人更青睐用那些由于晚收获而糖分含量高的葡萄酿制而成的葡萄酒。因此,德国葡萄酒根据天然糖度的含量和风格可细分为6个等级。这种葡萄酒等级划分方式有别于通常以产区划分葡萄酒等级的法国和意大利。这些葡萄酒等级虽然是用德语标注的,但是只要知道描述葡萄成熟程度的术语就能够预测葡萄酒的味道。

Wine Profile

冰酒

　　冰酒因非常优秀且比较罕见而被称为"大自然赐予的礼物",它是2个世纪以前在欧洲开始被酿制出来的葡萄酒。虽然德国是最初生产冰酒(在德国标注为Eiswein)的国家,但由于德国的气候变暖导致这里不可能每年都能生产冰酒,而其他一些地方,如加拿大因冬季气候寒冷,就可以每年都生产冰酒。

　　但并不是所有品种的葡萄都能用来酿制冰酒,只有雷司令(Riesling)和威代尔(Vidal)两个品种能够用来酿制这种酒,因为这两个品种的葡萄皮比较厚,在下霜以后葡萄也不会变坏。但是近年来人们也开始尝试用梅乐或霞多丽等其他品种的葡萄来酿制冰酒,而且能够从中品尝到浓厚独特的味道。

　　冰酒是在12月～次年1月之间、温度下降到-10～-8℃时,用手将适当的冰冻葡萄粒直接采摘下来酿造而成的。因为冰酒在酿制过程中有许多损失,且过程非常困难,是真诚与努力的产物,因此被视作爱与忍耐的象征。

　　冰酒拥有金黄的色泽和浓郁的香气,是酒体饱满的葡萄酒,从中可以感受到杏、桃、甜瓜、热带水果(芒果等)的香气,而且品尝过后唇齿留香,非常新鲜,是水果香气余味非常浓厚的顶级甜酒。

等到葡萄自然冰冻后才收获而酿成的加拿大冰酒,是具有各种水果香气和花香的甜酒,可作为圣诞节礼物赠送亲友。

由"异教徒"引发的意大利葡萄酒革命
超级托斯卡纳(Super Toscana) 意大利

这是一段历时 3000 年的历史。很久以前,希腊人就称意大利是 Oenotria,即葡萄酒的圣地、全世界生产葡萄酒最多的国家。那么,为什么意大利没能成为葡萄酒世界的代表呢?自进入 20 世纪起,其他国家的葡萄酒从重产量转变为重质量,而意大利葡萄酒却仍停留在产量的扩张上。因此,意大利葡萄酒被人们认为是价格低廉且在日常生活中可以随时享用的葡萄酒,在世界市场上并没有受到瞩目。仿效法国的 AOC 制度,意大利从 1963 年开始施行意大利葡萄酒等级 DOC 制度。但是,DOC 以生产率高的品种和生长程度较好的产区为标准进行分类,反而导致了意大利酒产量的膨胀。

意大利葡萄酒也有过著名产地,作为传统产区的托斯卡纳地区出产的基安蒂、蒙塔西诺之布鲁内罗以及皮尔蒙特的巴罗洛、威内托的阿玛罗尼至今还保持着它们的名声。但当意大利葡萄酒的大厦逐渐倾斜时,出现了一名"异教徒",掀起了意大利葡萄酒的"文艺复兴"。它就是超级托斯卡纳。

超级托斯卡纳的革命旗手——西施佳雅

1944 年,西施小教堂 (Tenuta San Guido) 葡萄酒酿造厂的主人马里奥侯爵 (Mario Incisa Della Rocchetta) 开始在托斯卡纳的保格利地区栽培从波尔多拉菲堡那里拿来的赤霞珠品种。在与其有亲戚关系、拥有 600 年葡萄酒生产传统的酒庄所有者皮埃尔·安提诺里 (Piero Antinori) 及酿酒师贾科莫·塔奇士 (Giacomo Tachis) 的帮助下,他在 1968 年推出了西施佳雅 (Sassicaia) 葡萄酒。西施佳雅被视为"异教徒",因为它没有采用托斯卡纳地区传统的葡萄品种,而是由赤霞珠和品丽珠混酿而成;生产地也非传统的保格利地区;酿造方式也没采用传统的斯洛文尼亚椭圆形橡木桶,而在法国,葡萄酒都是在 225 升的橡木桶里熟成的。按照严格的 DOC 规定来看,这种葡萄酒没有一条符合规定,因此,这种葡萄酒被标明为等级最低的日常餐酒 (Vino da Tavola:等级最低的餐桌级葡萄酒)。但是访问葡萄园的英国记者在试饮葡萄酒后,觉得将西施佳雅仅称为餐桌级葡萄酒不太妥当,因此使用了"超级托斯卡纳" (Super Tuscan) 这个词。20 世纪 80 年代后期,超级托斯卡纳在国际舞台上开始被认可。1978 年,西施佳雅在英国葡萄酒专业杂志《醒酒瓶》主办的伦敦试饮会上获得满分,最终在 1994 年被升为 DOC 等级。

西施佳雅成功以后,超级托斯卡纳开始了更多样的试验,皮埃尔·安提诺里的弟弟罗图菲克·安提诺里 (Lodovico Antinori) 也是马里奥侯爵实现变化的帮手。1985 年,罗图菲克在奥纳亚庄园 (Tenuta del Ornellaia) 首次推出由赤霞珠和梅乐混合酿成的奥纳亚,1998 年份的葡萄酒被《葡萄酒观察家》评为 2001 年度最佳葡萄酒。他用 100% 梅乐品种酿制的马赛多 (Masseto) 作为意大利最高水平的梅乐葡萄酒而被称为"托斯卡纳的佩特雷"。

传统的基安蒂以超级托斯卡纳重获新生

1970 年,参与西施佳雅酿制的皮埃尔·安提诺里和贾科莫·塔奇士在传统葡萄酒产地基安蒂产区又构思了创新性葡萄酒,它就是被称为"铁

意大利西施佳雅红葡萄酒珍藏越久味道与香气越浓郁。人们通常在子女诞生的年份购买,待到子女成年的那天作为礼物送给子女。

挪尼洛"(Tignanello)的超级托斯卡纳葡萄酒。

  这种葡萄酒在固守传统方法的同时还结合了很多非传统因素：使用了在基安蒂地区种植的圣祖维斯葡萄品种，在混酿过程中加入了国际品种赤霞珠和品丽珠；在酿造方法上使用了法国产小橡木桶。当然，这种葡萄酒也因违反当时的等级规定而被列为最低级的日常餐酒等级，但确实在将传统意大利葡萄酒产区基安蒂变为超级托斯卡纳的过程中作出了贡献。此后，以赤霞珠为主要品种并混合了品丽珠和圣祖维斯酿制而成的1997年份索拉亚(Solaia)葡萄酒被《葡萄酒观察家》评为2000年度百大葡萄酒的第一名。当然，作为本土品种的圣祖维斯，在同国际品种结合后能够酿成超级托斯卡纳，与经过许多次的试验从

1998年份（96分）奥纳亚葡萄酒被《葡萄酒观察家》评为2001年度最佳葡萄酒。2002年，在与罗伯特·蒙大维和花思蝶葡萄酒合作下，该酒价格进一步上升。

在意大利最著名葡萄酒生产地之一的托斯卡纳地区酿制的超级托斯卡纳，利用100%梅乐品种酿制而成的马赛多。

意大利最高级葡萄酒的代名词超级托斯卡纳的标志酒。将意大利本土品种和海外品种混酿而成，以只在收成好的年份生产而著名的铁挪尼洛。

而提高了圣祖维斯的品质所做的努力是分不开的。

追随国际葡萄酒味道的潮流

由于超级托斯卡纳的诞生，意大利政府制定的葡萄酒等级体系 DOC 现在已失去意义，民间出现了为了更加自由地试验而试图降低等级的趋势。如今在国际葡萄酒市场上，意大利葡萄酒都是以超级托斯卡纳的名称胜过等级来表现它的优秀性。引领这些变化的堂·吉诃德揭示了意大利葡萄酒未来发展的可能性。在商业方面取得优秀成果的超级托斯卡纳最令人瞩目的成果是改变了人们对于"基安蒂葡萄酒是价格低廉的葡萄酒"的认知，以及人们对托斯卡纳地区葡萄酒的偏见。此后的 20 世纪 80 年代和 90 年代，其他葡萄酒酿造厂也为生产新葡萄酒开始了多样化的尝试。

意大利葡萄酒历史上最早被《葡萄酒观察家》杂志评为百大葡萄酒（2000年度）并荣获第一的顶级葡萄酒。

Wine Profile

铁挪尼洛　Tignanello

- **产地**　托斯卡纳<意大利
- **品种**　圣祖维斯80%，赤霞珠15%，品丽珠5%
- **葡萄酒类型**　干红，饱满酒体
- **特点**　具有深红宝石色泽和浓厚的水果香气，余味深长，可久存的顶级红葡萄酒。
- **价格**　2000年份约156美元。

119

以贸易决胜负
波特酒和雪莉酒(Port&Sherry)

葡萄牙与西班牙

若对周边国家的情势变化事先做好了充分的准备，那么将会为这个国家的经济带来翻天覆地变化的机会。西班牙与葡萄牙，位于大西洋与地中海中间的伊比利亚半岛上的两个国家，在 17 世纪葡萄酒贸易中获得的巨大成功就是最具代表性的例子。在英国与欧洲其他国家（尤其是法国）间的贸易摩擦中迅速采取行动的西班牙与葡萄牙奠定了葡萄酒产业的基础，并将旗手之名通过大西洋殖民地扩张到了南美洲。

趁法国接连不断的利空

在过去，伊比利亚半岛葡萄酒产业未能持续发展的原因在于这里存在的伊斯兰文化，而非基督教文化。自穆罕默德下达禁酒令后，实际上作为葡萄酒发源地的中东地区不得不远离葡萄酒文化。西班牙和葡萄牙的葡萄酒生产消费迅速成长是 17 世纪以后的事情，其成长有赖于英国这个巨大的市场和以中介贸易而被称为"海上马车夫"的荷兰人。

进入 17 世纪以后，荷兰率领 1 万艘船队掌控了欧洲地区的贸易，他们将从法国和西班牙大量进口的葡萄酒运至北欧地区的许多港口。随着他们影响力的逐渐增大，以自尊心强而闻名于世的法国人当然不可能视若无睹。法国转为向出入的外国船舶收取更多关税的贸易保护政策，于是荷兰便开辟了新的市场——西班牙。此时，西班牙葡萄酒进入中兴期，开始向荷兰和英国大量出口，而英国发生了资产阶级革命和光荣革命，法国葡萄酒的出口被中断，随后葡萄牙成为英国的葡萄酒供应国。30 年的宗教战争使阿尔萨斯和德国的葡萄园荒废，英国的葡萄酒市场因此便被在伊比利亚半岛上坐观动向的两个国家占领了。

英国的葡萄酒瓶，软木塞的登场和波特酒

英国之所以选择了葡萄牙，与当时刚登场的软木塞可能也有一定的关系。作为制作软木塞的原材料栎树和软木橡树在西班牙和葡萄牙等南欧地区被广泛种植，因此葡萄酒从业者都必须与其进行贸易。这一时期，英国与葡萄牙签订的《梅休因条约》并非偶然事件。根据《梅休因条约》，葡萄牙出口的葡萄酒只需付相当于法国葡萄酒 1/3 的关税即可。

同时，英国商人在斗罗河上游地区发现了与法国红葡萄酒相似色泽和浓厚味道的红葡萄酒，但搬运是个大问题。对震动和温度敏感的葡萄酒在船上很容易损坏或失去原来的味道，因此 17 世纪便产生了防止葡萄酒氧化的酿造方法。利用这种方法诞生的波特酒 (Port) 的酒精度数更高，且因发酵中断导致味道更香甜，这也成为了这种酒的人气秘诀。波特酒的人气是爆发性的。18 世纪初，市场对它的需求进入了供不应求的阶段，甚至出现了仿造品。葡萄牙政府专门设立了监管斗罗河

波特酒是筛选当年收获的上等葡萄酿制而成的高级葡萄酒，种类包括在木桶中熟成 2～3 年的年份波特酒、将白葡萄酒与红宝石波特酒混合而成的茶色波特酒，以及用于餐前开胃的白波特酒等。

葡萄酒产业的机构,斗罗河流域从而成为世界上最早对葡萄酒进行严格的品质管理和规范的地区。

殖民地和葡萄酒的传播

西班牙与葡萄牙在很久以前就投入到殖民地的掠夺当中。在大西洋的许多岛屿中,加那利群岛从13世纪开始就成为欧洲航海家争夺的目标。该岛屿从15世纪开始被西班牙占领,并在此种植了葡萄树、生产葡萄酒。虽然葡萄牙在15世纪就占领了马德拉群岛,但直到16世纪以后,这里的葡萄酒产业才开始兴盛起来。西班牙与葡萄牙的这两块殖民地虽然是葡萄酒产业前进的发源地,但在这个过程中最重要的地区其实是拉丁美洲。他们把欧洲的葡萄品种带到拉丁美洲,并在那里酿制葡萄酒,从墨西哥开始的新大陆葡萄酒产业不仅席卷了秘鲁、智利、阿根廷,而且扩展到了北美大陆。在美洲新大陆,对葡萄酒传播作出最大贡献的就要数这两个国家了。

葡萄牙斗罗河流域的没落和西班牙赫雷斯的成长

葡萄牙波特酒爆发性的人气很快赶上了当时复兴的西班牙葡萄酒,一度占据了19世纪初英国进口葡萄酒的一半。相比之下,法国损失较大。进入19世纪以后,掌握欧洲大陆3/4战争之匙的拿破仑为了制裁欧洲其他国家和英国之间的贸易下达了大陆封锁令。因葡萄牙没有接受大陆封锁令,法西联军便进攻了位于斗罗河附近的葡萄牙北

在白葡萄酒的基础上添加了白兰地,属强化型葡萄酒,隐隐地透出金黄色。

部。然而致使葡萄牙最大的葡萄酒生产地斗罗河流域没落的最大因素并不是战争，而是英国人口味的变化。啤酒与蒸馏酒在品质上得到了提升，对暴饮负面影响的认知和禁酒运动的兴起让人们喜欢上了烈性较低的葡萄酒，而喜欢烈性口味的人们也开始青睐西班牙的雪莉酒 (Sherry)。因此，作为波特酒生产地的斗罗河流域开始没落下去，而作为西班牙雪莉酒生产地的赫雷斯 (Jerez) 的地位开始上升。在西班牙生产的雪莉酒，90% 被出口到英国，大量的生产需求导致农民消失，大企业支配葡萄园，以赫雷斯为中心的西班牙葡萄酒产业逐渐庞大起来，葡萄园数量也增加到了原来的 4 倍。

西班牙与葡萄牙葡萄酒的现状

我们通常认为西班牙只有雪莉酒，葡萄牙也只有波特酒，但事实上并非如此。西班牙的葡萄栽培面积是世界上最大的，而与我们知道的不同，在葡萄酒生产总量上，雪莉酒所占的比重并不高 (约 7%)。作为西班牙与葡萄牙代表性的葡萄酒，雪莉酒和波特酒都是酒精强化型葡萄酒，这代表了通过葡萄酒贸易成长的两国的性格。为了在驶往远方的船上使葡萄酒的口味维持更久，这两种葡萄酒中都混合了白兰地。虽然这两种葡萄酒现在的实际生产量很小，但至今人们还认为它们是两国的代表性葡萄酒，原因就在于它们很好地表现出了通过贸易成长的两国葡萄酒产业的特征。

西班牙的葡萄酒代表之一。

新世界葡萄酒的挑战精神

经过漫长岁月搭建起来的堡垒是很难被破坏的。在以法国为首的欧洲，所谓旧世界葡萄酒的堡垒至今还存在，但从 19 世纪后期到现在，已不断受到来自美国、澳大利亚、智利、阿根廷、新西兰、南非等新世界葡萄酒的挑战，其结果就是新世界葡萄酒仅花了一个世纪的时间就跻身世界级葡萄酒产地之列。

但新世界也并非一开始就能够长驱直入。新世界在初期也摆脱不了旧世界长期形成的老习惯，停留在倾慕和模仿旧世界的阶段，免不了经历一些苦战。但从 19 世纪后半期开始，旧世界长达 80 余年的危机，即进入 19 世纪后达到顶峰的禁酒运动、破坏全世界葡萄树的根瘤蚜虫的猖獗、使葡萄园荒废的两次世界大战、阻挡了葡萄酒出口通路的英国大萧条等，都为新世界提供了机会，而它们也很好地把握了这次机会。但是，新世界葡萄酒的真正成功还是近些年的事情。与旧世界一样，把一种有名的葡萄酒当成该国传统，用特定的葡萄酒酿造厂或葡萄酒来勾画该国葡萄酒的整体轮廓并不适合它们。因此，本章将着重把握新世界各国葡萄酒成功的特定关键字。

Old World

美国　旧传统与新技术的相逢——美国加州葡萄酒
智利　旧世界与新世界的合作——活灵魂
澳大利亚　以热情创造澳大利亚风格——奔富农庄酒
新西兰　神秘主义战略结合绿色营销——长相思酒
阿根廷　无公害清静之所——门多萨
南非　新旧的协调——Cape Blend

旧传统与新技术的相逢
美国加州葡萄酒   美国加州

美国加州现已成为美国葡萄酒的代名词，当地的葡萄主要栽种在索诺玛县和纳帕谷。由于在这一地区发现了金矿，人口迅速增加，而被判定为没有金矿的土地就被开垦为葡萄园。随着葡萄栽培热潮的到来，美国加州内陆地区的葡萄园出现井喷，这是由于这个地区土壤与气候条件好，而且与洛杉矶市场比较近。但是，欣欣向荣的葡萄酒产业却被禁酒运动耽搁了，直到第二次世界大战以后才开始构建产业框架。从 1950 年开始，E.&J. Gallo 等大企业开始逐步收购小葡萄园，并从产业的角度出发生产葡萄酒，它们还将欧洲传统与现代设备相结合。现在对它们来说，重要的不再是风土，而是吸引消费者的某种味道。

金粉黛葡萄，用红葡萄酒酿酒葡萄酿制白葡萄酒

1972 年，Sutter Home 酿造厂的鲍勃·图林柴洛用在本地区土生土长的品种——金粉黛葡萄 (Zinfandel) 酿制出了粉红色葡萄酒，并起名为"金粉黛白葡萄酒"。金粉黛原来是成罐销售的低价红葡萄酒，但为什么还给它起名为白葡萄酒呢？这是由于当时美国人更青睐白葡萄酒。由于美国人喜欢白葡萄酒，直到 20 世纪 60 年代还占据 80% 市场份额的红葡萄酒在 20 世纪 80 年代市场份额缩小到了 40%。当时的人们错误地认为白葡萄酒比红葡萄酒更有助于健康，而且认为白葡萄酒的口感更加新鲜。因此，原先的金粉黛红葡萄酒销量不佳。当时更吸引他们口味的是像可口可乐一样香甜的饮料。但由于鲍勃·图林柴洛天才的销售策略，这种香甜并有水果口味的金粉黛白葡萄酒很快成为在美国最有人气的葡萄酒。

通过研究与品种改良,金粉黛成为酿制非常出色且口感丰富的红葡萄酒的品种,现已成为美国的代表性品种。进入20世纪90年代,受到法国悖论的影响,红葡萄酒的消费逐渐增多,价格相对较低的金粉黛红葡萄酒也饶有人气。这种葡萄酒的走红说明重视消费者口感的美国在葡萄酒酿制方面也毫不逊色。

美国"葡萄酒之父"罗伯特·蒙大维(Robert Mondavi)的明暗

罗伯特·蒙大维从1962年开始遍访世界著名葡萄酒产地,汲取他们的葡萄酒酿造技术,试图将美国的技术、经营技巧及市场与旧世界传统接轨。1965年,罗伯特·蒙大维因与满足于安逸生活的弟弟不和,离开了库尔克农园,并在1966年设立了罗伯特·蒙大维葡萄酒酿造厂。他所做出的一系列具有创新性的行动后来被这一地区的葡萄酒同行所借鉴。他在酒标上注明了葡萄品种,并确立了新的销售战略;他将葡萄园打造成观光景点,通过试饮与培训等方式确立了新的宣传战略。最重要的是,当时美国大量生产低价的大众葡萄酒,而罗伯特·蒙大维却酿制高级葡萄酒。通过这种果敢的尝试,罗伯特·蒙大维成

酒标上狼的图案来自探险家杰克·伦敦为自己的书设计的藏书票。

原封不动地融入了约9公顷美丽的葡萄酒酿造厂的味道与香气的色泽鲜艳的金舞庄园金粉黛白葡萄酒。

了美国高级葡萄酒的代名词。1980年，木桐酒庄的巴伦·菲利普·罗斯柴尔德和罗伯特·蒙大维发表了历史性的合作声明，并酿制出被称为Opus One的作品。Opus One是蒙大维梦想的、利用旧世界优雅的传统和新世界的技术酿制而成的葡萄酒。

但根据最近的《亚洲华尔街日报》我们得知，有美国"葡萄酒之父"之称的罗伯特·蒙大维虽然有许多杰出的业绩，但因子女之间的纷争亦面临着经营危机，就像创业初期他与弟弟不和一样。一个家族经营一家公司，不管是在韩国还是在其他国家，都是一件困难的事情。但美国的另一家代表性葡萄酒公司E.&J. Gallo却用实际行动驳斥了这一观点。嘉露兄弟是这家公司的共同创始人，现在该公司已经成为壶酒(jug wine)市场上地位不可动摇的世界第一。实际上，在韩国和全世界销售量最大的葡萄酒并不是我们熟知的各个著名品牌，而是E.&J. Gallo。目前，该公司通过从小做大积累起的雄厚财力，正采取主攻高端市场的策略。这一明暗交错的策略又令我们联想起葡萄树。为了产出果味较为浓郁的葡萄，葡萄种植者将一个枝干上的几个分枝毫不留情地截断，甚至将未成熟的葡萄串也摘下，因为只有通过部分的牺牲，这棵葡萄树的真实价值才能发挥出来。

仅为1%的人酿制的葡萄酒——膜拜酒

提到美国葡萄酒就不能不提膜拜酒(cult wine)。cult源自拉丁语中的cultus，有崇拜的意思。说到膜拜电影，我们通常会认为是不属于大众，而只受到少数人支持的电影。膜拜酒也不是被大量生产、大量消费的一般葡萄酒，而是少量生产、品质优良、为特定发烧友提供、并非通过一般流

在酒标顶部是美国的罗伯特·蒙大维和法国的巴伦·菲利普·罗斯柴尔德的头像，Opus One在拉丁语中是"第一号作品"的意思。

酿造最优秀的霞多丽葡萄酒的索诺玛卡特勒酿造厂。

通渠道而是通过事先预约或拍卖等方式出售的葡萄酒。但是不同于非商业性的膜拜电影，膜拜酒就像古董一样能被当作收藏的对象，反而可以称为商业性的葡萄酒。

　　膜拜酒之所以能获得爆发性的人气，而不仅仅停留在发烧友的水平上，是因为投资余力充足的葡萄酒爱好者将其视为一种艺术品，而不是只能用来饮用的酒。酒庄主人通过购置小规模土质上等的昂贵土地，对葡萄进行集中的生产管理，并且使用来自法国质量最好的橡木桶，也不惜投资超级现代的设备，使这种葡萄酒能在正式场合亮相并从葡萄酒评论家那里获得高分，从而获得爆发性的人气。

　　膜拜酒的代表，美国的啸鹰园 (Screaming Eagle) 有神话一样的传奇故事。1992 年，吉恩·菲利普 (Jean Philips) 为了鉴定葡萄酒，带着自己亲手酿制的葡萄酒拜访了罗伯特·蒙大维的葡萄酒酿造厂。蒙大维认为她带来的赤霞珠葡萄酒有很好的前景，并劝她自立门户。后来她将自己的葡萄酒起名为"啸鹰园"。这款葡萄酒受到了葡萄酒评论家的极力称赞，在美国因令人印象深刻的名称而成功地成为膜拜酒。每年生产 6000 多瓶的啸鹰园通过邮寄清单来销售，由于等候者剧增，顾客等了 5 年才能购买的情况也常有发生，出厂价为 125 美元的 1996 年份葡萄酒的拍卖价竟达到 1000 美元。这件事成功改变了

在硅谷热潮下,打造能够表现自己职业特征的酒厂在加州成为一种流行。这是眼科医生建造的Sinsky酒厂。

全世界对美国葡萄酒的认识。此后,玛尔卡森园(Marcassin)、哈兰园(Harlan Estate)、布莱恩家族园(Bryant Family)、寇金庄园(Colgin)、葛利斯家族园(Grace Family)等膜拜酒连续登场,现已被认定为美国加州膜拜酒中最好的几款。

在价值数千至数万美元的膜拜酒中,价值500美元的可谓比较低廉的Shafer葡萄酒。

旧世界与新世界的合作
活灵魂(Almaviva) 智利

在其他葡萄酒生产国只需与自然条件抗争的时候，智利的政治经济政策却成了阻碍当地葡萄酒产业发展的重要原因。殖民地时代初期，由于智利的葡萄酒产业逐渐扩大，感受到危机的西班牙殖民者成为阻碍智利葡萄酒产业壮大的原因。1902年酒精规制法的制定和1938年规制葡萄酒生产量的法律的制定，也是另两个重要原因。第二次世界大战以后，由于政府的进口限制政策，进口装备和机器很困难，阻碍了当地葡萄酒行业技术的发展。

南美的波尔多——智利

智利的葡萄酒产业以1985年为起点开始呈上升趋势，并在很大程度上受到法国波尔多的影响。

在根瘤蚜虫肆虐的19世纪中期，许多失业的波尔多葡萄酒从业者因损失严重而选择来到智利酿制葡萄酒。后来，政府倡导学习波尔多酿酒技术并在国内进行推广。这一热潮造就了1990年智利葡萄酒的"文艺复兴"。

智利顶级葡萄酒的化身——活灵魂。

智利酒厂里骑着马管理葡萄园的混血儿。

智利几乎没有冻害和病虫害,所以没有必要使用杀虫剂或化学药品,且人工成本低廉,还能够使用从安第斯山脉融化下来的干净水源,有哪个傻瓜不想在具有这么多有利条件的葡萄园上投资呢?所以欧洲和美国的葡萄园陆续开始和智利的葡萄园携手合作。1970年,西班牙的米高桃乐丝(Miguel Torres)第一个投资;1978年,拉菲堡与巴斯克(Vina Los Vascos)合作投资;1994年,以利口酒闻名的法国亚历山大·玛尼埃·拉博丝(Alexandra Marnier Lapostolle)与葡萄酒顾问米歇尔·罗兰一起,与智利的拉巴特(Rabat)家族共同推出了卡莎拉博

与圣佩德罗酒厂比肩的干露酒厂(Vina Concha y Toro)风景,可以看到远处被云彩覆盖的安第斯山脉。

引领智利葡萄酒热潮的系铃人与各领域专家共同建造的蒙特斯葡萄酒酿造厂。

丝特 (Casa Lapostolle)，并在 1997 年首次推出顶级红葡萄酒——阿帕塔 (Clos Apalta)。1997 年，木桐酒庄与智利代表性葡萄园之一的干露侯爵酒庄 (Vina Concha y Toro) 合作，于次年首次推出名品——1996 年份活灵魂 (Almaviva)。美国的罗伯特·蒙大维与智利的伊拉苏 (Vina Errazuriz) 合作，在 1995 年推出了西娜 (Sena)。被称为"南美波尔多"的智利诱惑着全世界的葡萄酒名家并取得了快速的成长。就其规模来看，1990 年仅为 4400 万美元的实际出口额在 2002 年一下子增长到了 6.02 亿美元。

但是由于以智利为首的大部分新世界葡萄酒生产国都以赤霞珠、霞多丽等欧洲品种致力于葡萄酒输出，本国葡萄酒的真实身份因此变得模糊。为此，新世界各国开始开发自己的葡萄品种，如美国的金粉黛、阿根廷的马耳培、

蒙特斯公司的顶级葡萄酒蒙特斯欧法，酒标上画有天使。

乌拉圭的丹那 (Tannat) 等，智利的卡莫内 (Carmenere) 也开始推出新的品种。智利的葡萄酒行业似乎终于明白，只做"南美波尔多"是远远不够的。

Wine & Business

智利总统的智利葡萄酒营销

　　智利掀起葡萄酒热潮得益于智利前总统弗雷。他在智利葡萄酒产业中自愿担任"多玩家"(*multiplayer*)角色，立足于压迫式营销，使智利葡萄酒在21世纪的世界葡萄酒市场上取得了胜利。他在1995年11月访问中国时注意到在北京的智利驻中国大使馆的早餐报告内容。农业部部长在报告中说他当天将到中国香港葡萄酒协会会长陈兆宁主办的智利蒙特斯（*Montes*）葡萄酒促销会上宣传智利葡萄酒的优越品质。农产品是智利的战略出口商品，在政治上葡萄酒产业也非常重要，所以他立刻说道："我也要去！"然后便起身前行。国家元首参加民间活动，而且还在正式行程前1小时改变行程，突然的行程变更令中国的保卫部门措手不及。这是一种极其商业性的行为，虽然难以理解，却是3年后使智利葡萄酒事业获得成功的序曲。

以热情创造澳大利亚风格
奔富农庄酒(Penfolds Grange)

澳大利亚

在阿尔里斯与杰克·特劳特著作的《营销不变的法则》中，第一条是"先导者法则"，即无论是多么出色的第二名，也无法赢过最初的那一个。那么比第一名更加出色的第二名岂不是永远都没有机会了？非也。这是因为《营销不变的法则》中还存在第二条"领域法则"，即不要忙于和最初的那一个争斗，而是要开拓属于自己的新领域，并在这个领域成为第一。通常提到澳大利亚葡萄酒，我们会加上前缀Aussie(澳大利亚的爱称)，如澳洲西拉、澳洲霞多丽、澳洲赤霞珠等。正如我们所知，Shiraz是从法国北部地区传到澳大利亚的西拉(Syrah)葡萄品种，霞多丽和赤霞珠也是勃艮第和波尔多的代表性品种。但是，为什么要加上前缀Aussie呢？因为同样是西拉，澳大利亚的西拉味道更强烈，且包含着澳大利亚独有的个性。霞多丽或者赤霞珠也不例外，澳大利亚独特的自然条件和澳大利亚人的热情拓展了澳大利亚葡萄酒的新领域，正在威胁着"最初的那一个"所拥有的"堡垒"。

澳大利亚葡萄酒中的至尊——奔富农庄酒。一位匠人的人生逆境和一同走过的岁月能够使人们产生怜悯之情。

135

在葡萄园里能看到袋鼠也是澳大利亚葡萄酒酿造厂的特点。

以奔富农庄酒为代表的澳洲葡萄酒强烈的个性

奔富农庄酒是澳大利亚高级葡萄酒发端的信号弹。撰写这段历史的人物是1950年奔富农庄酒的酿酒负责人麦克斯·舒伯特(Max Schubert)。他以提高当时平庸的澳大利亚葡萄酒的质量为远大抱负而不断努力，最终酿造出了特等贺米达己(Grange Hermitage)。当时，他虽然邀请了葡萄酒界的名家前来参加试饮会，却以失败告终。酒评家们对这种葡萄酒进行了严厉的批评，说道："精神正常的人是绝不会买这种葡萄酒的。"

更大的打击来自酒厂办公室，他们命令中止特等贺米达己的生产，原因是这种葡萄酒遭到的批评会损坏公司的整体形象。但是舒伯特没有放弃，他秘密地继续酿制该葡萄酒。10年之后的1962年，他酿制的特等贺米达己在悉尼Show(Open Claret Class in the Sydney Show)中登场后，局势发生了翻天覆地的变化。随着时间的推移，这种葡萄酒的整体口感更加浓厚且富有凝练之美，奔富农庄酒一举获得了金牌。此后一直到舒伯特隐退为止，奔富农庄酒共获得了50枚金牌，成为全世界葡萄酒收藏家们热切期待的世界级葡萄酒。这种葡萄酒与其他优秀的葡萄酒一样需要15～20年的熟成时间。在1995年出版的葡萄酒杂志《葡萄酒观察家》中，1990年份奔富农庄酒荣获"世界最佳红葡萄酒"的称号。奔富农庄酒以其华丽的口感和浓郁的酒体成了澳大利亚葡萄酒的化身,澳洲葡萄酒也开始以浓厚、丰富的味道满足全世界葡萄酒爱好者的口味。

不断进行的营销

2003年,澳大利亚的葡萄酒出口创造了最高纪录,与2002年相比增长了30%。当然,传统的最大输出国仍是英国,其次是美国。澳大利亚葡萄酒正以自己独有的个性和自信不断进行着营销。以绿色葡萄酒为标志,从利用再生纸包装的绿色葡萄酒到奔富酒厂正在进行的"换塞诊所"(Recorking Clinic),澳大利亚特有的自由奔放的想法正陆续出炉。在柯斯拉酒庄(Casella Estate)出售并在美国市场上销量第一的黄尾袋鼠(Yellow Tail)引起了全世界对澳大利亚葡萄酒的关注。2001年以出售2.5万箱为目标的黄尾袋鼠葡萄酒,当年出售了50多万箱,2002年出售了220万箱,2003年出售了520万箱。

澳大利亚葡萄酒的强烈个性和优秀的口感与香气,加上相对低廉的价格,这可能就是全世界追捧Aussie风格葡萄酒的原因。

在红色的肥沃土壤里培育出优良的赤霞珠葡萄。

神秘主义战略结合绿色营销
长相思酒

新西兰

对于葡萄酒产业来说，到能够生产葡萄酒的地区进行投资是被广泛采用的一种方法。如此看来，盖着神秘面纱的新西兰被视为有希望的投资地区而受到关注是理所当然的事情。至今为止，这里还给人们一种投资余地比较大的感觉。神秘主义战略结合绿色营销，造就了新西兰葡萄酒的独特个性。事实上，绿色营销是过去澳洲葡萄酒的主打营销战略，但随着产业化的推进，澳洲葡萄酒与绿色有机已经不大沾边了。而新西兰依然利用自身未被开发的处女地这一品牌优势，大打绿色营销，构建属于新西兰葡萄酒的阵营。

向往新西兰的美国人

近几年，新西兰作为葡萄酒生产地而受到关注，吸引了海外各国的投资者。投资热潮的主力是美国人，在过去的8

以新鲜干净为魅力的新西兰最初的溢价葡萄酒酿造厂云雾之湾(Cloudy Bay)酿造的长相思酒，虽然价格低廉，但饱含着Cult葡萄酒的意义。

年中，新西兰的 75 家葡萄酒酿造厂中，有 85% 被外国人收购，美国人就占有其中的 39 家。这是由于与葡萄酒消费量减少的欧洲相比，美国的消费量反而在上升。1998 年以来，新西兰的葡萄农场增加了 2 倍，仅 2006 年就增加了 33%。新西兰葡萄酒的形象在其中充当着非常重要的角色。新西兰的葡萄酒受助于亲近自然的国家形象，并且在葡萄酒生产国中因投资还不充分而受到瞩目。当然，澳大利亚或其他国家也在推行绿色营销，但都不能与新西兰相媲美。

通过澳大利亚学习的葡萄酒产业

最初在新西兰酿制葡萄酒的人是被称为"澳大利亚葡萄酒之父"的詹姆斯·布拜(James Busby)。他在 1833 年进入新西兰，为了能够在 1840 年开始生产葡萄酒而快速着手栽培葡萄。但是新西兰葡萄酒作为产业开始发展却是在进入 19 世纪 90 年代以后。新西兰政府咨询了澳大利亚维多利亚州负责葡萄栽培的专家，询问了发展葡萄酒产业的可能性，在获得积极的反响后，从 1989 年开始栽培更多品种的葡萄。自此，从澳大利亚开始的葡萄酒产业之流逐渐流向了新西兰。

新西兰葡萄酒热潮是从 20 世纪 60 年代开始的。因为气候凉爽，当时在适合酿制白葡萄酒的新西兰种植了许多德国的米勒－土高葡萄。20 世纪 80 年代以后，长相思酒在国际上获得了许多奖项，此后

拥有丰富水果香气的玛丽庄园(Villa Maria)长相思酒，英国的葡萄酒杂志介绍其为出自新西兰最好的葡萄酒酿造厂。

在纯净的环境下生产的新西兰葡萄酒,其世界性需求在不断增加,代表性酒种是长相思酒。

便成了新西兰的代表性品种。南岛东北角的马尔堡地区是使长相思酒成为新西兰葡萄酒化身的主力。新西兰长相思酒拥有适当的酸度和新鲜的口感,可谓是绝品。当然,用霞多丽、雷司令、琼瑶浆等品种酿制的白葡萄酒也很有名,用来酿制红葡萄酒的赤霞珠、梅乐也有种植。

无公害清静之所
门多萨 阿根廷

过去谈及韩国的经济，最大的绊脚石就是未形成内需市场。因此，韩国不得不从很早开始开拓出口市场，这为韩国经济奠定了基础。但是，内需市场的发展有时反而会延缓出口市场的发展，在地域上孤立的国家更是如此。阿根廷的葡萄酒和智利的葡萄酒在同一时期起步，尤其是负责阿根廷70%葡萄酒生产的门多萨地区，其历史更是可追溯到16世纪60年代后期。但是，阿根廷葡萄酒开始受到世界的瞩目却是在20世纪90年代以后。阿根廷葡萄酒之所以很晚才被世界认知，原因在于内需在葡萄酒消费中占据主要地位，而没有及时将目光转向海外。

内需阻碍出口

阿根廷50%的国民是意大利移民的后裔，因而这里的葡萄酒生产与意大利相似，直到20世纪70年代为止，葡萄酒的生产都更注重量而不是质。这个国家的葡萄酒年人均消费量达到40升，因此大部分葡萄酒在内需中被消费，根本就不存在以海外市场为目标的葡萄酒营销概念。与因无内需而很早开始将目光转向海外市

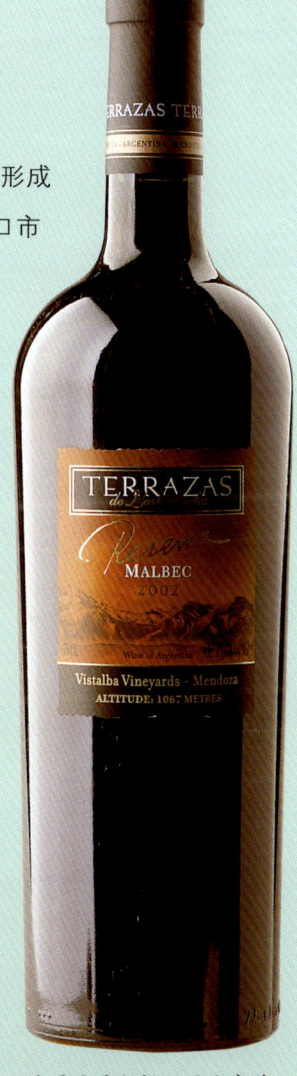

马尔培是阿根廷的代表葡萄品种，生长于未被污染的安第斯山坡上的优质葡萄园中。

在海拔500~1500米的高度、低温、病虫害少的地区进行有机耕作。

场的智利不同,阿根廷强大的内需市场阻挡了出口之路。但是,进入20世纪90年代以后,阿根廷的高级葡萄酒市场开始不断壮大,寻找溢价葡萄酒的人群也逐渐增多,但是人均葡萄酒消费量却剧减。智利在20世纪90年代形成了葡萄酒投资涌动,同一时期的阿根廷也出现了同样的热潮。在12亿~13亿美元的海外资本投资、世界顶级葡萄酒制造商的新技术推动下,阿根廷成长为世界第五大葡萄酒生产国。

安第斯山脉的梦——门多萨

由于隔安第斯山脉相望,阿根廷葡萄酒与智利葡萄酒一样受到自然条件的积极影响,尤其是被称为阿根廷葡萄酒中心的门多萨地区以无公害清静地区而著名。葡萄园位于山脉腹地,白天温暖,晚上凉爽,具备葡萄栽培所需的最佳条件。安第斯山脉的冰雪融化后流入门多萨河,灌溉着周边的葡萄园。这个地区虽然曾是被安第斯山脉掩盖的孤立地带,现在却以自然景观吸引着游客。葡萄酒当然也是必不可少的一部分,尤其是在葡萄庆典盛大举行的秋收期的3月,会有15万~30万的游客涌来参加各项活动。作为阿根廷代表酒种的马耳培红葡萄酒

利用纯洁之地——安第斯山脉之水灌溉的阿根廷葡萄园。

饱饮安第斯山脉融雪之水成长的葡萄,可以酿出让你久久思念安第斯山脉的葡萄酒。

具有李子、葡萄干、咖啡、巧克力、香草、紫罗兰的香气。

以扎根于土壤中、吸收了各种物质长成的葡萄制成口味丰富的葡萄酒。

新旧的协调
Cape Blend 南非

南非的葡萄酒虽然拥有悠久的历史，但直到近年来才开始被世界市场瞩目。准确地说，是从纳尔逊·曼德拉出狱的1990年开始的。1994年他当选总统以后，南非的葡萄酒获得了新生。在那之前，由于国际社会对南非种族隔离政策的批判，南非的葡萄酒被完全孤立，远离了其他新世界葡萄酒的变化潮流。幸运的是，南非政治上的变化恰逢20世纪90年代全世界的葡萄酒行业为寻找产地而开辟"新大陆"时期，南非的葡萄酒随即以其独特的个性进入世界市场。由于长期的殖民生活，南非葡萄酒与其他新大陆的葡萄酒相比，既追随欧洲葡萄酒的传统，又具有新世界葡萄酒的新鲜与柔和，以其独有的特色吸引了葡萄酒爱好者们。

1924年，南非开始栽培黑比诺和神索品种的葡萄。

以范·里拜克一人的意志开始的葡萄酒生产

17世纪中叶,医生出身的范·里拜克在参与兴建开普敦的过程中,因这里的气候与欧洲的气候相似,便从欧洲进口了葡萄树并在这里种植。以"历史最悠久的葡萄酒产区"而闻名的康斯坦莎农庄正是在这一时期建立并长期生产只向英国出口的葡萄酒,这一地区现因生产最优质的长相思酒而闻名。非洲的葡萄酒因当地丰富的劳动力和恰好因躲避宗教迫害而迁入的150余名新教徒,以及当地适合的气候条件,加上东印度坚实的市场而活跃起来。但是,需要长距离运输的南非葡萄酒在保存上还存在问题,并且随着1861年法国降低葡萄酒关税,作为英国殖民地而享受到关税优惠的南非葡萄酒面临着巨大的危机。但这时,黄金与钻石的发现又使南非的葡萄酒产业得以继续发展。

西南开普敦地区的地中海性气候适宜葡萄栽培。

从政治孤立中逃脱出来的南非葡萄酒——Cape Blend

　　由于政治阴影而被长期孤立的南非刚刚逃脱出来,便以其新旧结合的独特口味打入世界葡萄酒市场。这可以通过其优秀的红葡萄酒表现出来,比如说 Cape Blend。Cape Blend 正作为南非葡萄酒的战略性商品而呈上升趋势,其代表性的品种就是品乐(Pinotage)。1924 年时用神索与黑比诺杂交而成的品乐作为南非独有的品种,既辛辣浓厚,又具有水果香气,以特殊的口感而受到好评。白葡萄酒则一直以来就是南非葡萄酒的代表,其中的白诗南是在南非普及范围最广的葡萄品种。

Chapter 3

为国际商务人士准备的实战葡萄酒MBA

正确凝练的葡萄酒礼仪在很久以前就已成为商务活动现场的优秀道具。

葡萄酒礼仪的本质大致分为三种：

You Attitude(对对方的关怀)、

Tolerance(对他人的尊重)以及

Host Initiative(彻底的主人意识)。

*Business
Wine*

什么是 Business Wine

在跨越国界的国际商务场合，不同性质的文化之间必然会存在冲突，因不了解那个国家的文化而犯下的小小失误会使难得的商机功亏一篑。酒桌礼仪是其中非常重要的一个，而葡萄酒礼仪是酒桌礼仪的核心之一。

葡萄酒已在国际商务或外交场合成为世界共同的酒。凝练的葡萄酒礼仪既是商务成功的钥匙，也可能是导致商务失败的因素。葡萄酒商务在这种意义上是指在实战中活用的葡萄酒礼仪。

葡萄酒商务大致可分为以主办方的身份主导局面的主人意识(Host Activity)和作为被邀请人的客人意识(Guest Activity)。本章首先介绍被邀请出席的客人应遵守的礼仪和在主人立场上把握商务主导权的几种葡萄酒商务礼仪，最后介绍商务人士经常会遇到的以TPO为主的葡萄酒商务礼仪。

Business Wine for Guest

波尔多葡萄酒联合会（CIVB/A. Benoit）提供

完全征服商务宴请

在国际商务中，共进晚餐意味着对方对我方的业务非常感兴趣。而且，如果不仅仅是当事人之间的用餐，而是被邀请到家里用餐，或被邀请到该国或该地区最高级的饭店用餐，则可以理解为是富含好意或在商务上对对方的礼遇。但是，被接待在某种程度上看比接待他人更难，在这些场合中缺乏对作为国际通用语言的葡萄酒知识和礼仪的了解时更是如此。

通常，在签订重要合同前后双方会共进晚餐，主人在这时必须准备从香槟到甜酒的全程晚餐，以作为对合作伙伴的最高礼遇。这时，要使葡萄酒与按次序提供的食物搭配，就必须具备食物的相关知识和对葡萄酒的了解以及适当的礼仪。

Example **虽然犯下了大错,但以真诚的道歉转祸为福的杨俊浩社长**

韩国成道资源社社长杨俊浩在 1984 年与世界顶级棉地毯公司、比利时的 Pvba Feys-Standaert 公司签订地毯进口独家合同后,为纪念此次合作,被邀请共进晚餐。比利时公司董事长 Feys Norbert 和他的儿子、公司总裁帕斯卡夫妇以及饭店主人等在门口迎接他们。在会客厅聊了二三十分钟后,他们挪身至餐桌,但在帕斯卡的提议下,他们一同到饭店的地下酒窖参观。这个地下酒窖以年为单位被分成了好几间,200 年前的葡萄酒也在这里被妥善保管。当帕斯卡问杨社长想喝哪一瓶葡萄酒时,杨社长毫不犹豫地指向陈酿了 200 年的那瓶红葡萄酒。瞬间,帕斯卡犹豫了一下,但最终欣然地向饭店主人要了那瓶酒,饭店主人则小心翼翼地取出了那瓶酒。与葡萄酒搭配的主菜龙虾端上餐桌后,帕斯卡自豪地向杨社长提议试饮一下葡萄酒。喝完葡萄酒的杨社长貌似开玩笑地说道:"韩国拥有悠久的历史。我们韩国有真露葡萄酒,我喝过的真露葡萄酒味道比这个更好。"此时,所有人的脸色瞬间发生了变化,气氛也变得紧张起来。察觉到情况不妙的杨社长瞬间感到恐慌,随即郑重地委托法语翻译进行了如下翻译:"在韩国,妈妈或夫人在食用葡萄中加上烧酒和白糖制成非常香甜的葡萄酒,因为习惯了喝甜葡萄酒,不知道今天喝的葡萄酒有多么好,我感觉有点苦涩和酸味。这是我的真实想法。我真心地表示歉意,真遗憾我不了解葡萄酒并对它进行准确的评价。"听了这番道歉以后,所有人才眉开眼笑,紧张的气氛也缓和下来,在长达 3 小时的用餐中进行了其乐融融的对话。与之前造成的误会相关联,杨社长介绍了韩国的烧酒和稠酒等文化差异,使气氛变得更加融洽。在 20 年后的今天,杨社长也与他们维持着很好的人际关系。但是,回想起当时,他还是会冒冷汗,之后喝葡萄酒时都会想起当时的突发事件。从那次教训以后,杨社长反而与葡萄酒更加亲密起来了。

Advice **造成失误时要坦诚道歉**

　　就算是商务伙伴，如果丝毫都不考虑对方的诚意，就会使人感到失望，商务谈判也必然不能成功。杨社长虽然犯下了大错，但是很快对发生这种状况的原因进行了真实的说明和真诚的道歉，因此局面才被挽回。托马斯·富勒曾说过："在任何绝望与否定的情况中，礼貌与谦虚能够造就希望与肯定。"礼貌与谦虚即是礼仪的力量，这点在世界上是通用的。

　　当你被邀请参加晚宴时，不妨精心准备些礼物或全家福、小相册、新闻报道等小道具。这些小小的准备不仅能给邀请者带来意外的惊喜，而且能成为使个人间的商务发展变成家族间的商务的契机。

　　最后想说的是，关心从反馈开始。有礼貌的反馈是传达自己的情感或意愿，使对方更加开心。成功完成商务旅行后回国的杨社长立即回信表达了感谢之意。而且，以主人的身份对此后回访的对方进行了隆重的接待。

波尔多葡萄酒联合会（CIVB/A. Benoit）提供

Practical Information 1　完全征服西餐

| 西餐摆台 | 只看餐桌摆台，不看菜单也能预测会端上何种食物以及葡萄酒。

· 叉子与刀的使用顺序，从外向内，即①，①-1→②→③，③-1→④，④-1→⑤。

· 葡萄酒杯的使用顺序，从右到左，ⓐ→ⓑ→ⓒ。

❶ 和 ❶-1 叉子和刀：全部菜品　　❼：面包盘子及黄油勺

❷ 汤匙：汤　　❽：咖啡或红茶杯

❸ 和 ❸-1 叉子和刀：海鲜　　ⓐ：餐前酒用杯，通常是香槟杯

❹ 和 ❹-1 叉子和刀：主菜　　ⓑ：配海鲜用白葡萄酒杯

❺ 叉子：沙拉　　ⓒ：配肉类用红葡萄酒杯

❻ 勺和叉子：甜点　　ⓓ：水杯

＊冰冻果子露与专用小勺一起提供。　　＊甜点杯与甜点一起提供。

西餐的过程与登山相似,了解菜单的基本结构以后再看菜单会更容易理解。从激发食欲的餐前小吃到汤、海鲜、冰冻果子露等,像登山一样逐步攀登,以主菜牛排登上顶峰,然后以甜点等下山,并以咖啡或红茶结尾。与此相对应,葡萄酒大致分为三个阶段,即餐前酒、餐中酒和餐后酒,大概顺序是香槟、白葡萄酒、红葡萄酒、甜酒。

根据食物而登场的杯子的顺序

在饭店用餐时,如何使用餐桌上摆放的若干个酒杯呢?餐桌上以餐盘为中心在座位的右边摆放一个或多至三四个杯子。如果餐桌上有4个杯子,那么1个是水杯,其余3个是葡萄酒杯,在全程用餐中以香槟、白葡萄酒、红葡萄酒的顺序来使用。

甜酒杯通常在吃甜点时使用。酒杯通常是按顺序摆放的,高档的

	Wine & Dine菜单样本	
全部菜品	Rosette Smoked Salmon 玫瑰花状熏鲑鱼	香槟
汤	Cream of Asparagus with Garic Croutons 蒜泥芦笋汤	
海鲜	Steamed Red Sea Bream with saffron flavored white wine sauce 番红花酱配烤鲷鱼	白葡萄酒
冰冻果子露	Champagne Sherbet 香槟冰冻果子露	
肉	Roasted Rib-Eye with mustard sauce and seasonal vegetables 烤芥末酱牛排	红葡萄酒
沙拉	Mimosa Salad 含羞草沙拉	
甜点	Chocolate-bing Cherry Cake with cherry sauce 巧克力装饰樱桃蛋糕	甜酒
咖啡或红茶	Coffee or Tea	

饭店在换菜时也会将酒杯进行更换。因为每个杯子都有不同的作用，切记不能用喝过白葡萄酒的酒杯饮用红葡萄酒，或用水杯喝葡萄酒，而且要牢记作为餐桌礼仪最基本事项的"左面包右水"（左边是面包盘子，右边是水和酒）原则。如果使用了左边的杯子，那么左边的人就没有能够使用的杯子了。而且，如果将杯子随意放置，会使他人误拿你的杯子。

Wine & Business

理解作为甜点的奶酪

商务晚餐的最后环节，即甜点中的奶酪不仅仅是甜点的一种，而且具有文化属性，是鉴别主人的美食家水准的最后一关。要想接待周到，就要在甜点中准备代表本地区的最高级奶酪，而不是水果或蛋糕。而且不是提供个别的奶酪，而是在大盘子中摆上好几个种类。在这里选择自己喜欢的奶酪并立即食用的话，西方人会认为"那个人还懂点什么"！有一天，法兰西第五共和国的首任总统戴高乐对法国人变化多端的政治胃口进行了如下评价："你将如何打理制造出300余种奶酪的国家呢？"奶酪代表着法国多样的文化，与韩国全罗道地区的鱼酱相似。如果一个西方人清楚地知道各种鱼酱并能够津津有味地食用它们，一方面会让韩国人觉得稀奇和惊讶，另一方面也会增加亲密感，不是吗？因此，国际商务人士必须理解代表西方美食巅峰的奶酪，并学会享用它。

法式套餐菜单的特点及商务应用

步骤名称	特点	可搭配的葡萄酒	商务应用
第一道 前菜	• 代表出发的含义 • 促进唾液分泌，让胃进行热身，促进食欲 • 提供少量较酸辣、具有刺激性的食物 • 种类：鱼子酱、鹅肝、熏制三文鱼、蜗牛、法式吐司、鸡尾酒虾等	香槟、雪莉酒、白葡萄酒	• 和谐、民主、积极的社会性商务交流 • 利用庆典演出可以制造高潮气氛 • 具有全新出发之意 • 照顾女性拍档 • 用眼神与嘴角微笑来提议干杯
第二道 汤	• 汤是正式上菜的标志 • 汤是评价餐厅水平的标准 • 汤很烫，品尝的关键在于不能出声，且不能躬身送入嘴里 • 种类：法式清汤、蔬菜浓汤		
面包	• 是副食而非主食 • 面包在法式套餐中作为下酒菜或清口食品食用 • 切记左侧的面包是自己的，水和酒则在自己的右侧		
第三道 海鲜	• 法式套餐的"前哨战" • 商务宴请时，最好不要点需要去皮的虾、整只上菜的海鲜或极容易滑出餐盘的蜗牛等，以防尴尬的发生 • 种类：鳟鱼、三文鱼、龙虾、虾	白葡萄酒	• 邀请客人进入愉悦心情的白葡萄酒世界 • 愉快地出发 • 白葡萄酒最讲究维持温度与清爽的酸度，因此要时刻留意白葡萄酒是否保持在最佳的饮用温度
冰冻果子露	• 有效去除海鲜的腥味，为略微提升的体内燥热降温		
第四道 肉 （肉排类）	• 如同抵达山顶般将用餐推向高潮 • 种类：各类牛排	红葡萄酒	• 用餐关系到职业生涯，因此要集中注意力 • 浓缩了强烈的信息，植入感性色彩 • 为了将宴请效果最大化，最好提供两种以上的红葡萄酒（第二种酒要比第一种昂贵一些） • 选择符合客人身份、职业履历的适当年份以及品牌的葡萄酒，这会使客人感动
第五道 烤肉	• 基本是在正餐才出现，大多数情况下会省略 • 绝对不能用手撕，一定要用刀叉切着来吃 • 种类：火鸡、鸭、鸡等家禽		
第六道 沙拉	• 传统法餐一般是在肉菜之后上沙拉，但近年来也经常与肉菜一起上 • 美式西餐常在肉菜之前先上沙拉		
第七道 甜点	• 作为收尾的甜食 • 用甜甜的口感清新口腔 • 种类：冰激凌、水果、奶酪	波特酒或甜葡萄酒、干邑等白兰地	• 用口感细腻且香甜的葡萄酒让客人放松，给客人以甜蜜感 • 干脆利落地结束 • 最好准备一些礼物或特别的惊喜，让客人的满足感倍增
第八道 饮料 （咖啡或红茶）	• 上饮料意味着用餐结束 • 这时可以抽烟，享受结束的气氛 • 饮用任何液体饮料时都不要出声		

Practical Information 2 理解与西餐相搭配的葡萄酒

餐前葡萄酒 (开胃酒 Aperitif)　餐前酒已成为一种习惯，从餐桌礼仪方面来看，在任何餐桌上，要会选择自己喜欢的餐前酒。最理想的餐前酒是能够开胃的香槟或雪莉酒等。对于女性来说，红葡萄酒或鸡尾酒也是不错的选择。在鸡尾酒中，女性适合饮用皇家基尔，男性适合饮用马奶酒。

餐中葡萄酒 (佐餐酒 Table Wine)　这里的佐餐酒不是指法国葡萄酒等级中最低等级的 vin de table，而是指用餐时饮用的葡萄酒。海鲜、贝壳类、家禽类、意大利面等大部分食物都能与白葡萄酒搭配。味道比较强烈的蛤贝、河蚬、扇贝、大虾、龙虾等菜与法国的夏布利酒和澳大利亚的霞多丽、长相思酒等搭配为佳，淡水生鲜或银鱼等与味道清爽的德国摩泽尔葡萄酒、阿尔萨斯琼瑶浆酒、赛美容酒等搭配为宜。

主菜通常为牛排类，此时可以选择红葡萄酒。最高级的牛里脊等菜品宜与勃艮第红葡萄酒或美国加州高级梅乐红葡萄酒、澳洲赤霞珠酒搭配。添加有胡椒或香辛料的肉菜与法国波尔多或罗讷河区的红葡萄酒、意大利巴罗洛红葡萄酒等搭配为佳。在为主菜搭配葡萄酒时，应选择与先前相同或味道更浓郁的葡萄酒。为了突显主菜的味道，提供 2 种以上的红葡萄酒也是不错的选择。

餐后葡萄酒 (甜酒 Dessert Wine)　一般的甜酒有甜白酒、迟摘雷司令酒、冰酒、波特酒、雪莉酒等。有时还可选择促进消化的法国干邑白兰地、烈酒等。餐后酒是与先前不同的酒，度数高且富有甜味是它的特点，适合作为收尾酒。

Wine & Business

贯穿西餐始终的雪莉酒和波特酒

雪莉酒和波特酒虽然都是加强型葡萄酒,但在西餐过程中,雪莉酒是餐前酒,而波特酒主要作为餐后酒。用餐前摄取酒精可以增加食欲,雪莉酒能够让人感受到氧化葡萄酒的香气,使人们胃口大开,是餐前酒的代表。餐后作为甜酒饮用的波特酒能消除饱腹感,酒精度高且味道香甜浓厚,是拥有葡萄酒柔和风味、白兰地强烈味道以及坚果类香气的最佳餐后酒。

Practical Information 3　完全征服酒会

杨俊浩社长的案例只是一次小规模的晚餐,通常在晚餐或酒会上,会聚集更多的人。酒会不仅是食用食物和饮用酒水的场合,也是提供相互对话机会的场合。通常在用餐时,一张餐桌只能容纳8～10人,这样就不能与其他餐桌上的人进行交流。而假如在用餐途中拿起酒杯到处走动,又会导致举座嘈杂。为解决这一问题,有时在用餐前主办方会准备一个饮用鸡尾酒的场所,以便到场的客人在就座前饮用鸡尾酒或香槟,并与他人进行交流。

在酒会上,不是等着别人介绍来相互问好,而应主动向不认识的人做自我介绍。给对方留下深刻的印象是商务派对成功的关键。这时互相之间的对话应围绕轻松的主题,避开宗教、政治性问题或私人问题。而且在对话中,对文化的避讳多种多样,特别是对于外国人或应格外注意的对象要进行充分的准备,并且诱导对方提出话题。

同时,要随时将自身的形象客观化,并注意礼节。检查握在手中的杯子是否在不知不觉中向下倾斜,或者在喝鸡尾酒时酒杯是否过度倾斜。在喝葡萄酒时,要避免将下巴抬高抬头饮用的姿势。有些女性因不想喝酒而手里什么东西都不拿,但参加派对时手拿鸡尾酒酒杯或果汁杯是一种形式,如果什么都不拿,不仅不知道应该将手放在哪里,而且容易被误认为是服务员。

Wine & Story

甜美的诱惑——香甜葡萄酒的世界

法国的苏玳酒、德国的枯萄精选酒、匈牙利的托卡伊等都是用贵腐葡萄制成的香甜葡萄酒。还有在葡萄中的糖分变成酒精前,通过中止发酵而制成的VDN(Vine Doux Naturels)、VDL(Vine de Liqueur)。将葡萄在背阴处晒干从而提高糖度酿成的意大利圣桑托酒、用冬季冰冻的葡萄制成的冰酒也是代表性的香甜葡萄酒。

❶ 法国苏玳的代名词——狄康堡葡萄酒
❷ 太阳王路易十四称之为"国王的葡萄酒,葡萄酒之王"的匈牙利托卡伊甜酒
❸ 一棵葡萄树只能生产半瓶的加拿大冰酒
❹ 太阳产生的甜美诱惑,法国朗格多克-鲁西荣地区的VDN里维萨尔特酒
❺ 20名农夫工作一整天也只能制造10瓶的德国贵腐葡萄酒——枯萄精选酒
❻ 用于晚餐收尾的澳洲最佳贵腐甜酒——贵族一号甜白酒

Wine & Story

香甜葡萄酒的代名词——狄康堡葡萄酒（Ch. d'Yquem）

具有代表性的贵腐葡萄酒有法国波尔多苏玳地区的狄康堡葡萄酒、匈牙利的托卡伊葡萄酒以及德国的枯萄精选酒（Trockenbeerenauslese）等。其中，狄康堡葡萄酒尤其被人们所熟知。1847年对于狄康堡葡萄酒来说是历史性的一年。葡萄园主人贝特朗在那一年因去俄罗斯旅行而比收获期晚了一点才到家，那时葡萄已经腐烂了。但是用这些腐烂的葡萄制成的葡萄酒最后却以12瓶为一箱、每100箱2万金法郎的惊人价格卖给了当时俄罗斯的康斯坦丁大公。这就是香甜葡萄酒的代名词——狄康堡葡萄酒的诞生过程。

狄康堡葡萄酒的成功虽然始于苏玳地区得天独厚的自然条件和偶然事件，但迄今为止它所拥有的名声与其努力酿制葡萄酒是分不开的。这可以通过每公顷的平均产量来证明。狄康堡虽然拥有面积达到150公顷的较大的葡萄园，但实际种植面积仅80公顷（因为将高龄葡萄树拔除的地要搁置3年，然后在那里种植新葡萄树并等待15年），这样每公顷平均产量只有700升，即平均一株葡萄树的年产量仅为一杯葡萄酒。这种金黄色的贵腐葡萄酒，是将赛美容（80%）和长相思（20%）混合并在橡木桶中熟成3年半而酿成的，拥有成熟的水果香气、蜂蜜般的甜美，使人感觉清新爽口。

香甜葡萄酒的代名词——狄康堡葡萄酒的价格也不菲。

Business Wine for Guest

商务餐桌上的葡萄酒礼仪

美国国际文化训练研究所所长兼北卡罗来纳州州立大学人类学教授盖利·培罗洛创作了《文化决定国际商务》一书，这本书的惊人之处在于记述了美国的商务人士在征服全世界时是怎样以文化武装自己的。面对因文化差异而导致破裂或难以理解的情况，只要从根本上回想事故发生的原因，就能发现正确的应对方法。以下列举了多种在商务场合中经常发生的葡萄酒商务和用餐的案例。

Example　**因不懂得葡萄酒礼仪而功亏一篑的韩国某企业**

一家韩国企业与一家法国大企业协议进行项目合作，为纪念此次合作，法国公司的董事长夫人邀请韩方合作伙伴共进晚餐。但是，不知是什么原因，韩国公司在共进晚餐的第二天早上被告知合作破裂。

"请不要询问理由"是法方通报上的结语。韩方后来才得知事件的原委。当晚,董事长夫人多方打听到韩国人喜欢的牛排,并用昂贵的葡萄酒和蘑菇等历时2个多小时亲手制作了调味汁。但是,韩方客人在品尝她精心准备的调味汁之前却撒上大量的盐和胡椒粉,在切牛排之前却像往常在普通餐厅一样寻找A-1 Sauce。看到这些举动,董事长夫人瞬间表情僵硬,她认为这些举动是对自己努力的无视。

不仅如此,同行的协商组中的一员还将葡萄酒酒杯倒置,以表示不再喝的意思。这不仅是不考虑对方感受的行为,也是缺乏理解的举动。那天晚上董事长夫妇大吵了一架。夫人对董事长说:"我不能容

普罗旺斯葡萄酒联合会(CIVP)提供

忍你跟那些野蛮人搞商务。要想和他们合作，那我们就离婚吧。"

Advice 共同进餐是文化交流的过程

共同进餐是超越国籍和时空的人类最古老的社交行为。但在共同用餐的场合难免会发生"文化冲突"。在这种情况下，基本的餐桌礼仪是对对方和食物采取的态度。细细品尝其他国家的食物，对对方的饮食文化表示敬意是最基本的要求，更何况是在商务场合。对方董事长夫人邀请客人到自己家里，亲自准备食物。在这里可以看到法国人常说的对文化的尊重、宽容的一面。即使食物不合口味，他们也不会说"不好吃"，而会说"不合我的胃口"。这样不仅能领会尊重相互之间差异的宽容精神，而且对方也能很好地理解这一情况。

意大利人在食用美味的食物时，会将两手并拢贴在嘴唇上，以亲吻的动作表达"食物的味道像亲吻一样甜蜜"之意。西方人对食物味道的表现更加积极，而且对食物味道的具体评价会使准备食物的人感到欣慰。在饭店里也是一样。在韩国，顾客是上帝；而在法国，情况却恰恰相反。在巴黎的饭店里对服务员语出不敬或无视他们时，常常会被拒之门外，而且对服务员说"上你们家最贵的菜"或"快点快点"等会被视为无理取闹。

为了成功地进行国际商务，不仅要了解葡萄酒，还要结合餐桌礼仪理解该国的文化。葡萄酒不是单独存在的，而是与食物及融入食物里面的文化并行的。

Practical Information 不要随意撒调味料

不久前，法国一位面包师里欧奈·普瓦兰去世，法国国内主要的新闻媒体都发布了消息，这说明法国人不仅将食物视为吃的和喝的，更将其视为一种艺术。在 20 世纪 60 年代中期，因供职的饭店在《米其林指南》中的评分下降而自杀的鲁雷拉厨师的故事，也体现出厨师的自尊心有多么重要。因此，被邀请进餐时，餐桌礼仪中最重要的一点就是最大限度地体会食物制作者的一番心意。

盐、胡椒粉等调味料问题　在品尝食物之前就撒上盐或胡椒粉通常会被误认为对厨师的不信任。当然，在食物被品尝后，可以根据个人喜好撒上盐或胡椒粉。而且，伸手拿远处的调味盒可能被视为对他人空间的侵犯，是无理的行为。这时，不妨让旁边的人帮忙拿一下。可以说"Please pass me the salt"。在应对方要求传递调料盒时要说"在这里"，与外国人在一起时要说"Here you are"。不然，在传递的时候会有一种不自然的感觉。

汤在西餐中的重要性　在西餐中，通常在食用主菜前会先喝汤，汤中饱含着厨师烹饪水平的精髓。事实上，牛排的味道大体上是相似的，而汤的烹饪过程或种类却非常复杂，是隐藏着厨师高超的烹饪水平的食物之一，因而汤是衡量一个饭店水平的指标。所以对厨师精心准备的汤表示敬意也是最基本的礼仪。

Business Wine for Host

提升主人主动权的葡萄酒准备

在准备各种活动时，选择何种葡萄酒实际上是非常复杂而困难的问题。主办者为了通过活动达到某种目的，如果随意选择葡萄酒，就算酒有很好的味道，也只会成为一种装饰。因此，在使用葡萄酒的活动中要慎重选定葡萄酒。事先精心计划准备并被战略性使用的葡萄酒会提升主人的主动权，并会给准备活动的人带来超出预期的效果。

Example　**金灿振博士为驻韩大使夫妇准备晚餐**

韩国国会议员金灿振博士曾经邀请法国大使夫妇、摩洛哥大使夫妇、兼任驻法大使的韩有石夫妇、BNP 法国巴黎银行的分行经理菲利普·雷尼埃克斯夫妇到位于韩国城北洞的私宅共进晚餐。食物由新罗宾馆提供，但想到葡萄酒应给人留下深刻的印象，所以他向我提出请求，要我帮忙选定葡萄酒。我首先看了菜单，然后开始选择葡萄酒。因为需要客观的视角，所以我也将菜单提供给几位葡萄酒专家，拜托他们帮忙选择相配的法国特等葡萄园级葡萄酒。但是靠这个是远远不够的，因为要达成的目标不只需要满足感，还需要令人感动的某种东西。而且对象是全世界最挑剔的欧洲籍大使夫妇，如果能使他们感动，以后面对欧洲其他国家的贵宾时也必定能够成功。

让我们先将葡萄酒告一段落，回到原点开始整理晚餐的主题，将最终落脚点具体化以后得到的结论是"Surprise"，即意想不到的感动。在确定主题以后，葡萄酒的选择便顺理成章了。假设以下令人感动的场景：我在法国留学时迎来了生日，法国朋友们想到我可能最想吃的是泡菜，所以他们在洋白菜上抹上辣椒面并腌制了起来。我在生日当天品尝了泡菜，发现这不是真正的泡菜，却被感动了，因为我的朋友为了给我吃泡菜而付出了努力。带着这种感动的假设，我首先选定了最高级的中国菜菜单，尤其是按每种菜的口味选择了与之相配的葡萄酒，并且特意选择了不超过18美元的葡萄酒。例如，葡萄酒的产区与其选大酒村梅多克，不如选择与它有一定距离的酒村贝杰哈克生产的葡萄酒；与其选择以甜酒而著名的苏玳酒，不如选择卫星城的圣克鲁和瓦蒙等边缘葡萄酒。但是，许多人都认为不能将18美元以内的葡萄酒与最高级的中国菜搭配，因此在选择葡萄酒时出现了不少反对意见。但最重要的不是它们被误认为是高级葡萄酒，而是对这些有故事、葡萄酒世界小产区的边缘葡萄酒都能理解的意外的感动。重中之重在于，主人金灿振议员如何主导局面。我们对每一款葡萄酒和食物都有相应的说明，并且准备了餐前酒、餐中酒和餐后酒。虽然饭店里有侍酒师，但他作为主人还是提出了自己要特别服务的要求。晚宴结束的第二天，我因没有得到任何消息而心情忐忑，这时金议员却直接光临了我所在的公司，说道："从现在开始，金基财社长就是我的葡萄酒顾问。"原来，金议员在晚宴结束第二天就被法国大使夫妇邀请去共进晚餐了。

Advice **用心和战略准备周到**

在为做好法国革命与拿破仑战争的善后工作而举办的维也纳会议上,当时的法国外交部长塔列朗马利以红颜容葡萄酒吸引了各国的外交官,并负责了战后法国的安定工作。塔列朗马利将被称为"烹饪外交时代的皇帝"的自己的厨师安东尼·卡汉姆作为间谍派到欧洲,为欧洲各国领导人烹饪,结果导致各国代表只热衷于社交而不务正业。可见,不管是在以前还是现在,葡萄酒和食物在外交活动中都起着润滑的作用。

从古至今,葡萄酒在外交活动中都占据重要的一席之地,但是,并非昂贵的葡萄酒在外交活动中才具有效用。从金灿振博士的事例中可以看出,如果能带来引发思乡之情的感动,那么必将得到不能用金钱计算的效果。

不管是外交活动还是商务活动,或者是笔者所从事的葡萄酒培训,多对对方情况进行彻底分析和周到的事先准备尤为重要。尤其是在谈判时,周到的准备是最基本的。准备草率的谈判通常会面临两种不利情况,即可能被对方视为对谈判的不重视,或者因不积极的精神状态而做出事后后悔的让步。

Practical Information **在准备葡萄酒时应考虑的事项**

准备在活动中使用的葡萄酒,事实上因局面变化多端而不存在唯一的答案。它随着活动目的、活动参加者、活动形式和提供的食物及预算等而不同。

塔列朗马利用来吸引外交官的红颜容酒,虽然产自法国格拉夫地区,但因非常著名而被评为梅多克葡萄酒等级的特等葡萄园一级葡萄酒。

选择能够表现活动目的、意义的葡萄酒 所有的活动都有目的。在上面的案例中,为了达成目标而以"意想不到的感动"为主题选定了葡萄酒。此外,

波尔多葡萄酒联合会（CIVB/V. Michelet）提供

本人选择葡萄酒的案例中大部分都是在有一定意义、目的的探索中得出的。2003 年末，我向韩国某通信公司推荐了当时国内仅有 10 瓶的歌利亚庄园 1.5 升装葡萄酒作为年会用酒；在韩国某公司创立 30 周年庆典上被使用的库克香槟自然地讲述着其"对时间的尊敬"的哲学，并对回想和展望该公司的过去、现在和将来赋予了深刻的意义。根据葡萄酒的年份选择葡萄酒的案例也很多。例如，根据某人的古稀之龄选择与其出生年份相同的葡萄酒，或根据公司创立时间选择同年产的葡萄酒。如果活动主人对葡萄酒有很深的了解，这些准备会使感动和意义加倍。

根据活动参加者对葡萄酒的理解程度准备葡萄酒　无论你选择的葡萄酒具有多么好的意义，如果参加者不懂得享受便没有任何意义。有时，9 美元左右的阿斯蒂清甜香槟汽酒反而比 90 美元以上的香槟效果更好。因为在葡萄酒未达到适饮期时，与味道微苦的高级葡萄酒相比，具有甜味的气泡酒更适合大众口味。

根据活动形式不同而准备不同的葡萄酒 准备多少种葡萄酒因活动形式和水准不同而存在着差异。活动形式根据参加活动的对象不同可分为三种情况：第一，没有负担的对象。在随便聚一聚的场合，只需准备与主菜相配的一种葡萄酒即可。第二，在某种程度上需要讲究礼仪的对象。这时要准备两种葡萄酒，即以香槟作为餐前葡萄酒，以红葡萄酒搭配主菜。第三，想给予感动的对象。这时按照礼仪至少需要餐前酒、主菜用酒、甜点用酒等三种以上的葡萄酒。最佳准备是在酒会上准备香槟，以及搭配小吃、海鲜、肉菜（最少2种主菜）、甜点的葡萄酒和用餐结束后饮用的白兰地或波特酒，根据商务晚餐的流程准备合适的葡萄酒和其他酒水。

Business Wine for Host

葡萄酒礼仪之花——
主人试饮

葡萄酒礼仪大体可分为 You Attitude（对他人的关怀）和 Tolerance（对他人的尊重）以及 Host Initiative（主人意识）这三种。其中，关怀他人的主人意识是在所有商务招待上使你居于优势地位的最强有力的武器。如果能够准备充分并积极发挥主人意识，使招待愉快地进行，你就能得到对方的尊重。主人试饮或在用餐时将手轻放在餐桌上具有同样的意义，如同握手意味着"我的手里没有害你的武器"，将手轻放在餐桌上意味着"我不会在餐桌下面用手下毒药"，主人试饮意味着"这杯酒里没有毒，所以我先喝"，即向对方确保安全。在现代，主人试饮是为了确认预订的葡萄酒有无异常并给出席者提供欢乐，成为葡萄酒礼仪之花。

Example　**史蒂芬·霍金博士的主人试饮**

　　世界天体物理学家、剑桥大学教授史蒂芬·霍金曾在参加 COSMO 2000 学术会议时访问了韩国。他在新罗宾馆停留时，邀请了几位客人在法国餐厅 La Continentale 共同进餐。当时，史蒂芬·霍金博士虽然身体不便但还亲自试饮葡萄酒的事情让在场所有人都惊讶不已。大家都知道他身体不便，在葡萄酒专家的帮助下，他用眼神从厚厚的葡萄酒目录中选择葡萄酒的行为还可以理解，但亲自试饮是谁都没有想到的。试饮后他说："味道不错，请各位举杯。"（他说得并不清楚，是他夫人翻译的）不知道主人真正作用的人通常会以"你们自己喝吧"的形式将自己排除在外，或希望由葡萄酒专家充当试饮的角色，这其实是不正确的。

Advice　**葡萄酒最重要的精神价值是对他人的尊重与关怀**

　　人们通常不会在招待食物和酒的场合亲自为客人挑选葡萄酒，或者为了使客人开心而准备多样的娱乐活动，即很少向客人表示关怀。人们往往认为主人的角色就是支付餐费和酒钱，因此在选择菜品或预订葡萄酒时，以让下属、饭店服务员或饭店老板看着办的形式将责任推卸给他人的情况很多。但这不仅是因为缺乏葡萄酒的相关知识，更是因为不懂得主人的真正作用。在有重要的活动时，主人不要将所有的事情都交给下属处理，而应亲自参与到食物与葡萄酒的准备工作当中，联系饭店并事先查看菜单和葡萄酒单，根据活动性质精心制定主题和消费标准等。

　　霍金并不因为自己是残疾人而为自己辩解或自惭，而是作为主人尽职尽责，发挥西方文化中关怀他人的文化素养。因此，他不仅关怀了对方，同时也表现出了对自己人格的尊重。在他的试饮中，我们能够感悟到作为葡萄酒最重要的精神价值，即对他人的尊重 (Tolerance) 和关怀 (You Attitude) 以及主人意识 (Host Initiative)。

Practical Information **试饮的方法**

试饮从服务员或葡萄酒专家（侍酒师）将预订的葡萄酒（露出标签）拿给主人开始。步骤如下：

1. **确认标签** 这是确认未开瓶的葡萄酒是不是自己预订的那一瓶，令人惊讶的是，据统计，其中有20%的概率会出错。首先，当检查标签时，如果确定不是自己预订的葡萄酒，应及时提出要求更换。最常见的失误是拿来同一品牌的其他品种或不是指定年份的葡萄酒，这是因为酒单上指定年份的葡萄酒已被售出，虽然进了其他年份的葡萄酒，但是没有及时在酒单上更改。"新世界"产18～27美元的葡萄酒，因为各年份的酒差异不大，因此不用太讲究葡萄酒的年份。这个步骤结束以后，侍酒师会将瓶子打开，将软木塞递给主人。

2. **确认软木塞的状态** 软木塞的底部如果是干的，则说明酒瓶是被直立保管的。将葡萄酒长期以直立的状态搁置，软木塞就会变得干燥，导致空气进入，使得葡萄酒被氧化，因此被长期直立搁置的葡萄酒会变质。但即使是软木塞严重受损，也不能在品尝前断定酒有问题。如果不放心，可以确认一下软木塞上是否有发霉的味道，或者根据杯中葡萄酒的味道来判断酒是否有问题。

3. **在杯中倒入葡萄酒** 侍酒师通常会为主人倒入1/6杯左右的葡萄酒。尽管有时会被要求倒满，但在主人试饮时倒入少量的葡萄酒是为了在葡萄酒有问题时拒绝继续使用该葡萄酒，所以没有必要将葡萄酒倒满。

4. **观察葡萄酒的颜色** 从现在开始，进行葡萄酒的试饮。首先握住杯身或底部并观察酒的颜色。不管是红葡萄酒还是白葡萄酒，如果呈褐色就意味着该葡萄酒已经变质。

5. 将杯子轻晃两三圈闻葡萄酒的香气 将葡萄酒酒杯贴近鼻子闻香气，越高级的葡萄酒其多层次的香气持续时间越长。

6. 抿一口葡萄酒并品尝其味道 抿嘴，品尝葡萄酒与空气接触时的味道。切记动作幅度不可太夸张，以免看起来不雅。

7. 表达满意之意 如果葡萄酒没有变质或感觉还可以，主人应轻轻点头并以"不错"等语言表达满意之意，并允许给客人倒葡萄酒。

8. 女士优先 在确认结束以后，侍酒师将试饮过的葡萄酒秉承女士优先的原则先给女士倒酒，再给男士倒酒，并且在任何情况下都应最后才给主人倒酒。这时，主人要以微笑收尾。

9. 酒杯盛满时主人提议干杯 主人在这时提议干杯，与客人进行眼神交流和聊天，氛围将变得更加融洽。用葡萄酒杯干杯时要轻碰酒杯凸出的部分(即杯肚)。如果将杯子倾斜15度，不仅碰杯的声音清脆，也不用担心杯子会破碎。

这样的动作不宜持续太长时间，应在一瞬间自然地进行。过分地被规矩拘束而持续太长的时间，反而是对客人的失礼。主人试饮的目的并不是鉴定与评价葡萄酒，即使试饮的葡萄酒有问题，也应根据分辨力判断是否应该换酒。纠正问题虽是理所当然，但不应在饭店中大声喧哗和无理取闹，也不要滥用自己是那家饭店的常客或知名人士的身份要求换货。主人试饮是确认葡萄酒有没有拿错、葡萄酒有没有变质的过程,而不是确认葡萄酒是否合自己的口味。只有在确定葡萄酒变质时,主人才有必要委托侍酒师进行确认。当侍酒师确认葡萄酒有问题时就会给予调换。

Wine & Story

一眼辨别变质葡萄酒的七大方法

1. 有霉味或腐烂水果的味道。这证明从刚开始就未使用新鲜、健康的葡萄酿制葡萄酒。
2. 有食醋味的酸葡萄酒。葡萄酒处于葡萄汁和食醋的中间阶段,储藏不当或保管状态不佳就会变成食醋味。
3. 有化学药品的味道。因保存不当导致过多的氧气进入而加速氧化,从而散发出化学药品般的味道。
4. 被火烧过的气味和味道。被储藏在热环境中或在运输过程中熟成过度。
5. 有软木塞的味道。软木塞的状态不佳会散发出氧化的黄纸板的味道,这种味道渗透到葡萄酒里会导致葡萄酒有异味。
6. 有碘酊剂的味道。我们在身体擦伤时通常用红色的碘酊剂消毒,这种葡萄酒也散发着如同化学药品被氧化般的气味。
7. 有酱曲的味道。在白葡萄酒中如果散发出发酵的酱曲气味,说明葡萄酒已经变质。但是,喜欢食用清国酱和虹鱼的人绝不会说它们变质了,因此需要培养区别特殊气味的经验和试饮能力。

Business Wine for Host

开启葡萄酒和拔出香槟的瓶塞

我有时会在课堂上问学生:"谁来开启葡萄酒呢?"常常会有人贫嘴地回答道:"服务员 (waiter)。"事实上,在高级饭店里,不管是服务员还是侍酒师都是很尽职尽责的。但如果主人以主人翁意识在家亲自准备晚餐,这时就不能期待侍酒师的帮忙了。葡萄酒新手经常遇到的问题之一——开启葡萄酒,常常是引发大事故的罪魁祸首,尤其是在重要的商务场合或主人需掌握主导权的场合更是如此。最近,因韩流热潮而加入明星队伍的某演员,因未能开启主办方准备的香槟而导致记者招待会现场气氛冷清的事例就说明了正确开瓶的重要性。

在开启葡萄酒时常犯的错误就是软木塞在完全拔出来之前就中途折断了。这主要是因为酒瓶被长时间直立保存而导致软木塞干瘪变硬,或瓶塞没有塞好、瓶塞的状态不佳。使用适当的葡萄酒开瓶器能减少许多类似的失误。

Example 某公司在非正式商务场合发生的事情

在与韩国国内某大企业的共同市场营销签字仪式结束后，韩国某企业的总经理在正式聚会结束后请对方代表到韩餐饭店用餐。虽然对葡萄酒并不是非常了解，但平时常常饮用葡萄酒的总经理为对方准备了几瓶昂贵的葡萄酒。光是看着那些葡萄酒，气氛就开始火热起来。但问题却出现在开启瓶塞上。通常都是饮用他人已经开启的葡萄酒的总经理并没有在意开瓶这件小事，但不知是韩餐饭店匆匆准备的葡萄酒开瓶器性能不好，还是总经理的实力不够，软木塞在瓶口就迸裂了。在所有人的注视下，总经理的脸上直冒虚汗，并让人拿来各种工具，终于将软木塞拔了出来，但气氛已变得非常尴尬。将葡萄酒倒到杯子里面后，迸裂的软木塞碎屑漂浮在葡萄酒的表面。

缓解尴尬气氛的反而是被邀请的人们。他们当中对葡萄酒有所了解的一位说"软木塞就是麻烦"，表达了对开启葡萄酒失败的理解。惊慌的瞬间就这样过去了，但奇怪的是，总经理之后便将主导权交给了对方，就好像应了那句话：一朝被蛇咬，十年怕井绳。

Advice 享受葡萄酒需从开瓶学起

开启葡萄酒相当于主人把握主导权的第一关。因此，如果预想到在商务场合需要开启葡萄酒，就应事先准备合适的开瓶器并进行练习。在开启葡萄酒前，必须准备适当的工具。T形开瓶器虽然简单且便于携带，但因过分依靠开瓶人的力量，因此不使用为宜。杠杆式开瓶器只要转动螺丝就能轻松地拔出瓶塞，但也存在着缺点，即不能剥开瓶口的锡箔。低价的蝶形开瓶器会出现软木塞中途折断或因从侧面进入而迸裂的情况。被称为"酒刀"的侍酒师专用刀因具有刀刃而可以解决上述两种问题，但因为通常只有服务员或侍酒师会使用，普通人使用时会有受伤的危险，而且存在因力量的强度调节不当使软木塞迸裂的危险。所以本人想强烈推荐的，是瓶塞公司推出的、不用费力就能使瓶塞从正中央拔出的开瓶器，从而摆脱软木塞中途折断的问题。最重要的是，选定得心应手而且安全、能给他人带来快乐与美感的开瓶器，并且熟练地掌握这一技术。尤其是在预想到需要开启白葡萄酒时，必须通过多次练习再进入实战。首先，用蜜桃香槟来做练习。越好的香槟压力越强，为了感受好香槟的压力需进行多次的练习。

❶Tast-vin 葡萄酒试饮杯 ❷葡萄酒保鲜塞 将余下的葡萄酒封口保存 ❸温度计 测量葡萄酒的温度 ❹蝶形开瓶器 开启葡萄酒的工具 ❺服务员专用开瓶器 开启葡萄酒的工具 ❻锡箔切割器 用于剥开葡萄酒的锡箔 ❼葡萄酒真空瓶塞 ❽葡萄酒真空泵 在喝剩下的葡萄酒瓶上盖上真空瓶塞，抽出空气 ❾葡萄酒酒嘴 在倒酒时防止葡萄酒流到瓶身上 ❿便携式开瓶器 可以携带的葡萄酒开瓶器 ⓫wine collar 套在葡萄酒瓶的瓶口上，避免葡萄酒流到瓶身上

Practical Information **1 开启葡萄酒瓶盖的方法**

剥开锡箔　时常有人会在未剥开锡箔的状态下用开瓶器强行将锡箔撕掉。正确的方法是，首先用刀或锡箔切割器将瓶颈上的锡箔剥下来。但是由于小刀比较迟钝或过分锋利，普通人不能轻松地将瓶口的锡箔切掉，稍微歪一点点就有可能割到手，因此最佳选择是锡箔切割器。用锡箔切割器圆滑的部分将瓶口卡住，转动锡箔切割器，锡箔的上面部分就会一次性地被剪掉。

转动软木塞开瓶器　将软木塞开瓶器螺旋的尾端放在软木塞的正中央并向下慢慢转动。这时，不能过分地转动软木塞开瓶器，否则就会贯穿软木塞，软木塞的碎屑也会落到葡萄酒里。当然，如果使用好的软木塞开瓶器就不用担心会发生这一问题。

使用软木塞开瓶器时，开瓶器向下进入，两侧的翅膀将会自动上移。从两侧将把手向下压，软木塞就会因杠杆原理而向上迸出。

拔出软木塞　小心翼翼地将软木塞拔出，用纸巾将瓶口擦干净。

开启葡萄酒瓶盖的方法

普通人专用

❶ 使锡箔切割器下方圆滑的刀刃部分贴在瓶口上,稍微收拢后向左右转动。

❷ 将开瓶器对准软木塞的正中央并按顺时针方向转动。

❸ 一直转动开瓶器直到软木塞完全被拔出。

专家专用

❶ 用软木塞开瓶器后端的刀将锡箔剥开。

❷ 用干净的纸巾擦拭瓶口。

❸ 插入软木塞开瓶器并使展开的部分与酒瓶成直角,按顺时针方向转动。

❹ 利用开瓶器中间的杠杆将软木塞向上拔出一部分后,用尾端的杠杆将软木塞完全拔出。

Practical Information 2　开启香槟瓶盖的方法

小心防止声音过大和软木塞飞走，在冒出白色烟雾时开启瓶盖。

开香槟时，可利用香槟的气泡挤出的压力将瓶盖打开，因此不需要开瓶器。我们通常认为将香槟随意摇晃并伴着"砰"的响声冒出泡沫才是很酷的，但开启时伴有声音会使香槟的品质下降。在某些正式的场合，开启香槟的声音的大小会成为判断某个人文化水平的尺度。首先，将瓶颈上的锡箔剥开，并用拇指按住软木塞。然后，轻轻转动固定软木塞的铁丝，应按住软木塞直到铁丝被全部解开，在这种状态下，小心翼翼地转动酒瓶，软木塞就会因酒瓶中的压力而向上迸出。这时，调节力度，一点点将软木塞拔出，随着"噗"的一声香槟就被安全地打开了。

Wine & Story

香槟与快速转动

在饮用香槟时，使用能调节泡沫并欣赏美丽气泡的郁金香形长杯比较方便。但香槟杯不能像其他葡萄酒杯一样慢慢转动，而应快速转动，这样是为了防止气泡破裂并品味香气。

每种香槟的气泡形状和声音都各不相同。将耳朵贴近酒杯，倾听气泡破裂的声音。气泡酒的好坏是根据气泡大小与气泡上升的持续性进行评价的。

| 开启香槟瓶盖的方法 |

❶ 在开启香槟瓶盖前，用纸巾将瓶身上的水分擦干。
❷ 转动瓶颈上凸出的锡箔并剥开。
❸ 将缠绕瓶颈的铁丝底端缠绕的部分反方向解开。

❹ 铁丝松动后将铁丝完全解开。
❺ 因软木塞可能迸出，需轻轻按住软木塞并慢慢向上拔出。
❻ 待到软木塞几乎向上迸出时，用拇指和食指将其拔出。
❼ 将香槟倒入专门的香槟杯中欣赏不断冒出的气泡并饮用。

Business Wine for Host

以精彩的干杯
吸引观众

　　从下班后与同事简单地喝一杯,到家中各种大事小事、商务派对、纪念仪式等,在日常生活中,干杯无处不在。而在南北首脑会谈等国家元首之间的会谈或国宾晚宴等场合,干杯更是有着重要的意义,在那种场合,干杯会影响到两国之间的关系。干杯文化在各国都各不相同,尤其是在国际场合会因不同的干杯文化而产生混淆。干杯虽然是主人应该做的,但也可能会在商务派对或正式场合突然被邀请举杯。在没有准备的情况下,干杯可能会非常尴尬甚至因紧张过度而犯下错误,导致派对氛围尴尬。因此,有必要抽空练习各种情况下的举杯。

Example 三星电子李允佑副会长的干杯

"我是 CTO。Chief Toast Officer，即我能继续担任 CTO 一职是因为我擅长做 Toast。"

在笔者以全球 CEO 为对象的实战葡萄酒商务授课中，韩国三星电子负责对外协作的李允佑副会长在举杯前说了如上一句话吸引了在座的每一个人。本来 CTO 是 Chief Technical Officer 的意思，但李允佑副会长将它解释为 Chief Toast Officer，利用这一幽默说法进行了自我介绍。他现在负责三星电子的国际协作业务，因此切身感受到了干杯的重要性。当然，这是笔者在讲课中练习过的举杯方法，但这并非重点。相反，李允佑副会长的举杯非常符合当时的情境，因为在对干杯进行讲解时，虽然没有特别强调干杯的重要性，但在座的人们都感到了认同。

Advice 恰当有效的举杯体现倡议者的性格

干杯 (Toasting) 的做法是从饮用同一酒瓶里的酒以表示没有毒而来的。干杯是表示对对方的诚意，即信任的一种举动。但是，韩国人的干杯是从中国的"先干为敬"的风俗而来的。所以说，干杯时是否将杯中的酒全部喝掉和举杯、干杯时的眼神交流在各国都有所差别。

干杯时最令人讨厌的，就是以演讲的形式朗诵自己的简历、拿着麦克风却嘟嘟囔囔以及在讲幽默的故事时脸上没有任何表情，而且在举杯提议"为了……"的时候，声音并不响亮有力而是死气沉沉的。

商务活动中恰当有效且幽默的举杯不仅体现倡议者的性格、智商水平以及那顿晚餐的性质和水平，也是预告下一个活动的标志。干杯能使简单的活动被铭记许久。

Practical Information **1 干杯的方法和注意事项**

商务晚餐中的举杯准备是 KISS（Keep It Simple and Short!）
干杯也是一种小演讲，因此应具备一定的结构。干杯演讲中应包含活动的意义、主题、干杯目的等，最重要的是要简单明了，而且举杯时应稍微提高语调。

干杯时直视对方的眼睛 干杯时，不要将杯子举得过高，只需举到与眼睛同一高度即可。即使距离较远也不能眼神来回乱窜，应与附近的其他人进行眼神交流。

不要一口闷 不同的国家有不同的干杯文化，与外国人在一起时通常不要喊干杯。为调动气氛提议将杯中的酒喝掉时，可以简单地说"Cheers"或"Bottoms up"。

客人绝对不能越过自己的角色 不是派对主办者即主人的话，不要最先举杯。尤其是如果你是被邀请的一方，那么绝对不能越过作为客人的角色。因为干杯是主办者即主人应做的事情。当他人为你提议干杯时，你也拿着酒杯高喊，就变成了自吹自擂，因此不要一同站起来，坐着表示感谢即可。干杯结束后，再从座位上站起来郑重地进行答谢。

即使不喝酒也要干杯 有些人因健康问题而不接受倒酒或回避干杯，这是非常无礼的行为。干杯并不都是用香槟、葡萄酒才能进行的，举起空杯、水杯、碳酸饮料杯也能表示对对方的礼貌。

准备与他国相符的干杯方式，并用他国语言举杯 俄罗斯人有在喝完酒后将杯子扔进火炉里的风俗，但大部分都是将杯子举起，干杯后轻轻放下。重要的是，干杯前要考虑对方的国籍、风俗等情况，周密地准备与他国相符的干杯方式，举杯并自然地表现出来。

毛毛躁躁的举杯可能会被对方误解为十分无礼、无知，或认定你是个非常无趣的人。尤其是只了解西方习俗的商务伙伴与纯东方出身的合作伙伴进行商务交流时，会碰上意想不到的麻烦。当然，中国等国家的精英人物已经非常懂得西方文化，但他们在自己的国家作为东道主时依然会强调自己的方式。因此，细心了解别国的文化并学以致用往往会加深双方的感情，取得事半功倍的效果。

Wine & Story

各国的举杯

　　在希腊雅典举办奥运会时，韩国许多大公司的社长为了宣传公司而聚集在雅典。他们以所谓的礼宾营销邀请客户及各相关部门的人共同观看奥运会并结下商务友谊。多个国家的人们聚集在一起时，与TPO相符的举杯格外重要。如果你当时在那个场合，那么以希腊语"Yiamas"举杯是最合适的。

- 韩国　*Wi ha yeo*　　·英国　*Toast*　　·美国　*Cheers*
- 中国　干杯　　　　·日本　*Kan payi*　·法国　*A votre sante*
- 希腊　*Yiamas*　　·斯堪的纳维亚　*Skål*

Practical Information 2　用表情、眼神交流以及拍照的姿势

在人与人的交流过程中，比语言更加直接的就是表情或手势等非语言交流，其中表情与眼神交流是最重要的交流工具。西方的风俗与我们不同，如果不正视对方的眼睛会被对方误解为有所隐瞒，或觉得你认为自己很强大而公然轻视对方。因此，在干杯时必须直视对方的眼睛并面带微笑。切记不能将视线降低到杯子的底部，这不仅是没有礼貌的行为，在商务活动中更表示你的气场被对方完全压倒。因此，在商务博弈中应"以眼神击败对方"。

但东方人从小就不习惯直视对方的眼睛，尤其是直视长辈的眼睛会被认为是没有礼貌的表现。因此，纵观许多宴会碰杯照，大部分西方人即使在生意场上与对方存在着复杂的纠葛，在干杯时依然会直视对方的眼睛；而东方人则往往直视下方或别处，有时还因担心将葡萄酒洒掉或干杯时不能正确地碰杯而盯着酒杯不放，导致上半身会过分向前屈，在照片中呈现出不自然的姿态。对外曝光率越高的人在媒体上出现的概率也越大，因此，必须预想到各种需要干杯的状况，在某些正式场合更是要格外注意，因为你不知道在何时何地以怎样的形象被拍照。这类人在干杯时应将身体直立，用具有一定威严感的姿势拍照。

但即便是强势人群，在眼神交流时也不能无所顾忌地直视对方的眼睛。这在不同的国家也存在着差别，尤其是在日本，凝视对方的眼睛会被认为是威胁对方或十分无礼、傲慢，甚至是在侮辱对方。因此，与日本人进行眼神交流时不妨将视线稍微降低，将眼睛的焦点对准对方的喉结位置。葡萄酒礼仪是西方精神文化的一项重要支柱，因此我在这里论述时必然是以西方文化为中心，但也要避免将西方文化进行一般化处理。如果在与东方或中东地区的人们进行商务活动时，那就必须适应当地的文化。

Practical Guide to Business Wine

以实际行动学习
葡萄酒商务实战技巧

　　葡萄酒商务的基本顺序是准备葡萄酒,并根据实际情况倒葡萄酒、饮用葡萄酒。这些虽然是最基础的部分,但往往也会出现许多失误。真正的葡萄酒商务高手定是不断磨炼这些基本功才有所得,具有坚实的葡萄酒商务基本功会指引你最终走向成功。下面将讨论葡萄酒商务的技术性细则。

饮用葡萄酒前的准备事项

将葡萄酒倒入醒酒器&醒酒　将葡萄酒倒入醒酒器主要是为了过滤波特酒等因过度成熟而产生的沉淀物，这一过程虽然能提升葡萄酒的香气，但实际上需要这一过程的葡萄酒并不多。近年来这一过程也有了另一目的，就是使葡萄酒在接触空气的过程中让其"呼吸"，这就叫醒酒。同时，将葡萄酒盛入美丽的玻璃瓶可以有效提高客人的期待值。事实上，年份不足5年的普通葡萄酒不需要醒酒，高级红葡萄酒通过短时间的醒酒过程可以提升味道。另外，除了最高级的白葡萄酒，一般的白葡萄酒不需要醒酒，因为长时间与空气接触会损害白葡萄酒的新鲜味道。

拥有柔和曲线的玻璃瓶可以保护过于成熟、力道减弱的葡萄酒。

1. 为确认葡萄酒中是否有沉淀物，将酒瓶放至灯光下。
2. 在醒酒前先将瓶子直立放置。
3. 在周围放置照明灯并小心地将瓶子打开。
4. 将葡萄酒的瓶口对准玻璃瓶小心地倒葡萄酒。葡萄酒几乎被倒尽时就能看到沉淀物流向瓶颈。
5. 在沉淀物流出瓶口前停止倒酒。

将葡萄酒快速倒入棱角分明的宽瓶口，使葡萄酒在与玻璃瓶相撞的过程中涤荡掉自身的不良气味。

可以应用于各种葡萄酒。

调整香槟等葡萄酒的适饮温度 温度不同，葡萄酒的味道也会产生变化，因此通过调节温度来调和香槟等葡萄酒的味道非常重要。若红葡萄酒的温度太低，会使单宁的涩味更加强烈；若温度太高，则会使水果香气消失而酒精味增强。白葡萄酒与香槟如不在适当冰凉的状态下饮用，其独特的新鲜味道就会大打折扣。尤其是为举办某些活动而准备葡萄酒时，应格外注意调节葡萄酒的温度。

1. 红葡萄酒：酒体浓郁 (full-body)，15～18℃；酒体适中 (medium-body)，13～15℃；酒体轻盈 (light-body)，10～12℃。
2. 白葡萄酒：干白，8～13℃；香甜葡萄酒、香槟，5～8℃。

①将香槟放入冰桶中冷却。　②将香槟倒置，冷却瓶颈。

现实生活中虽然有测量葡萄酒温度的温度计，但在实际操作时使用温度计测量并饮用葡萄酒不是一件容易的事情。因此，在触摸酒瓶时准确感觉其温度是非常重要的。另一种使用比较方便的是像手链一样套在瓶颈上的温度计，这种温度计能显示当前瓶子的温度并提示饮用葡萄酒的最佳温度，因此可以预先进行确认。

在饭店点葡萄酒

葡萄酒价格与菜品价格的黄金比例是5、7、12法则。通常在接待宾客时,可根据宾客的重要程度制订接待等级和预算。如果是在比较轻松的场合就餐,那么可将葡萄酒的价格预算定为菜品价格预算的50%,即如果两人的就餐消费是人均45美元,那么将葡萄酒的价格定在菜品价格预算的50%,即45美元就比较合理。如果葡萄酒的价格明显低于食物的价格,那么对方会认为你无视他,因此酒价必须与菜品价格保持一致。最无可指责且能够暗暗给予对方小小感动的水准是在70%左右,若想让对方产生真正被款待的感觉,那么可定在120%左右。客人往往认为葡萄酒价  格的高低代表着你对他的重视程度。此外,若想从葡萄酒单中选定一款合适的葡萄酒,可除去最低价和最高价的葡萄酒(如价值上千美元的天价葡萄酒),算出葡萄酒的平均价格,最后确定一款比平均价格稍微高一点的葡萄酒(比一半多一点原则)。

在确定预算以后,首先决定是使用红葡萄酒还是白葡萄酒。在选定葡萄酒前,应注意挑选的葡萄酒是否与所点菜品搭配。菜品与葡萄酒的搭配在专家之间存在很多争议,但可以采取一个最简单、最安全的方法,即根据主菜的颜色挑选葡萄酒,红色的肉类与红葡萄酒搭配,白色的海鲜菜品与白葡萄酒搭配。根据这一原则,像鲑鱼或金枪鱼等呈朱红色的海鲜与红葡萄酒搭配也无妨,像鸡肉或猪肉等颜色偏向白色系的肉类也可以与酒体浓郁的白葡萄酒搭配。

如果你在选择葡萄酒时感觉很为难,可以用手指轻轻指出心仪的价格等级的葡萄酒,不要直接说出口,可采取如下方式询问侍酒师:"能推荐一款这一价格等级的葡萄酒吗?"或"请推荐一款能与今天的主菜搭配的葡萄酒。"这样,侍酒师就能根据你的预算推荐一款能与所点菜品搭配的葡萄酒。

如果是重要的接待场合，事先确认菜单和葡萄酒也是很好的选择。若你需要接待非常重要的客人，那么与其在场询问，不如先与饭店取得联系，并确认菜单和葡萄酒。最理想的方法是将接待的情况详细地告知饭店，与经理或厨师事先取得联系，讨论一下宴席的规格，确定具体的菜品和葡萄酒等。通过这样的准备工作，就能熟练、自然地主导局面，并使对方感到愉悦。

如果对方对葡萄酒有更深的了解，那么让对方挑选葡萄酒也是一种明智的方法。若对方比你更了解葡萄酒或是喜欢炫耀，那么就果断地让对方挑选。这样，不仅是重视对方的做法，而且也能避免自己出现失误。

如想 BYO(自带酒水)，请预先确认开瓶费。BYO(Bring Your Own）是指自带葡萄酒，开瓶费 (Corkage) 是指 BYO 时需要支付的费用。饭店要求顾客支付开瓶费，是因为饭店要提供极其易碎的葡萄酒杯，而且还会因顾客的行为失去酒水销售利润，因此顾客支付此项费用也属理所当然。开瓶费根据饭店的不同而存在差别，通常开瓶费是以瓶为单位收取，或以杯为单位计算，重要的是事先与饭店确认开瓶费的相关费用规定，有的饭店的开瓶费比葡萄酒的价格还要昂贵。但是，当饭店没有很好的葡萄酒，或是想将菜品与特定葡萄酒搭配时，采取自带酒水的方式对双方都有利。近年来，饭店为促销而推出了不收开瓶费的免费自带日 (Free BYO Day)，这也是一种很好的促销手段。

饮用葡萄酒的实际情况

倒酒 在重要的场合主人亲自倒酒为佳。因为主人是主角，服务员是配角。要想扮演好东道主的角色，就不应强迫客人，而是应该让客人随意饮用并享受葡萄酒，即任何宾客酒杯中的酒少于杯子的 1/3 时，主人就应该继续倒葡萄酒，这是主人的使命和责任。

在倒葡萄酒时不要默不作声，可以说一句："再来一点吗？"或"葡萄酒口感如何？"借此询问对方的意见。如果客人在与其他人聊天，那么不妨稍等片刻再倒，或用眼神进行交流后直接倒酒。如果由主人主导对话并倒酒,就应显得更为积极些。倒酒时对葡萄酒进行简单的说明或讲一些与葡萄酒相关的幽默故事也能很好地活跃气氛。

1. 要想倒好葡萄酒,首先应握好葡萄酒瓶。葡萄酒专家通常将拇指卡在酒瓶底端凹进去的部分倒酒,但普通人很难做到。观察酒瓶并掌握重心,为安全地握住酒瓶,最好手握酒瓶的下方。如果握住酒瓶的上方,倒酒时就要弯曲手腕并扭转胳膊,不容易维持与杯子的距离。

2. 握住酒瓶后,将瓶口置于杯子正中央上方1厘米处。倒完酒后,将瓶身旋转并慢慢抬起,可防止葡萄酒溢出。

3. 倒葡萄酒时应露出标签,倒酒人的视线应对准对方的眼睛,并自然地表现出干练的技术。

4. 如果是倒气泡酒,倒酒成功与否取决于开瓶的方式。如果开瓶时泡沫过多,应将酒瓶搁置片刻。倒酒时应将酒杯倾斜45度,从而防止泡沫大量产生。

倒酒时,普通人一般手握酒瓶的下方,而专家则喜欢将拇指卡在酒瓶底端凹进去的部分。这遵循了降低重心、露出标签的原则。

握杯 握住葡萄酒杯的哪一部位体现了对人生或商务重心的判断，还涉及美学判断力。喜欢握住葡萄酒杯的上方或葡萄酒杯鼓起的部分，体现了握杯人的审美感觉。开始时应轻握杯颈，这会呈现出稳定且美丽的姿态。握住酒杯的鼓起部分会因手的温度传递而使葡萄酒的温度发生变化，对于需在冰凉状态下饮用的白葡萄酒或香槟更是如此。懂得享受葡萄酒的人会握住酒杯的底座部分，这是为了在品味葡萄酒的香气时方便转动酒杯。当葡萄酒的温度过低时可用手握住酒杯的鼓起部分。实际上，当人们饮用白兰地或法国干邑时常常握住酒杯的鼓起部分，这是因为手的温度会使干邑的香气更加甜美。也有一些宣扬主体意识的人们，因西方电影或知名人士都握住酒杯的鼓起部分，而批评那些握住杯颈或底座的人是教条主义，但我认为所有的文化、礼仪都应首先尊重它的原始形态。

握杯时通常采取两种方法：一是轻握杯颈，二是握住酒杯的底座。

接酒 在接对方倒的酒时，最常犯的错误之一就是遵循韩式传统礼仪，用双手握住酒杯或从座位上站起来撅起屁股低头接酒并鞠躬。在接葡萄酒时，无论对方是什么身份都不能做出这种行为。一起饮用葡萄酒说明倒酒人与接酒人脱离了职位高低，而以平等的人格面对面，因此应将酒杯放在餐桌上，直至对方倒完酒。对方倒完酒后对其说一些感谢的话语或点头，或进行眼神交流即可，这是一种非常精练的礼仪。连连点头或低头的习惯是从贬低自己、抬高对方的礼仪中延伸而来的，但在西方礼仪中这些行为可能被误认为是过分地顺从或屈服，会给对方留下不好的印象。

饮酒　在韩国的酒文化里，干杯后将杯中酒一饮而尽这一酒桌规则给人施加了无形的压力。葡萄酒最好不要一饮而尽。就算是酷爱饮酒，在饮用葡萄酒时也应有耐心，分3～4次饮完最佳。关键是，"一口闷"往往不能品味出葡萄酒里复杂美妙的味道。在口中细细品味也是享用葡萄酒的一种好方法。

谢绝　如果问你该如何谢绝即将倒给你的葡萄酒，你也许会开玩笑地说"为什么要谢绝，给多少喝多少就是了"。如果你不谙谢绝之道且酒量不错，当然可以随意，但葡萄酒的酒精度最低也有9～13度，因此产生醉意在所难免。并且葡萄酒与其他酒不同，醉的过程是潜移默化的，因此倒多少喝多少会使你不经意间进入醉态。续杯作为葡萄酒的礼仪之一，宾客的酒杯快空了的

将手轻轻放在杯子的上方，用话语或眼神表示谢绝之意。

时候主人就会为其续倒葡萄酒，所以如果不懂得谢绝之道，就会非常吃亏。谢绝时不应将酒杯倒置，而应将手轻放在杯子的上方，用眼神表示谢绝之意或用话语郑重地表示。

Business Wine for TPO

优雅的商务协调者
——高尔夫与葡萄酒

  高尔夫与葡萄酒都是商务场合中的优秀工具,并且两者都是以礼仪作为其优雅的基础。在开阔的草场慢慢踱步,与球友谈笑风生,可以很好地缓解商务谈判带来的紧张气氛。因此在商务招待中,最常使用的方式就是葡萄酒与高尔夫。那么,这两位接待高手碰面的话,会擦出怎样的火花,产生多大的效应呢?

  Example **高尔夫与香槟并用,让对方动情的郑木英社长**

  韩国日知贸易社长郑木英(50岁)受银行分行行长竹马故友委托组织了一场高尔夫球赛并主持赛后就餐。准备宴请的来宾是具有3年巴黎派驻经历的人,据说非常挑剔。这位来宾正在管理某一机构的基金,并且需要挑选一家银行存入这笔基金。

高尔夫运动通常要在球友、高尔夫路线、天气等三要素达到协调时才能顺利开展。这一天，上述天时、地利、人和的因素都具备了。虽然彼此间存在水平差异，但宾客们都本着切磋技艺的初衷，表现得彬彬有礼，整个球赛的氛围非常好。高尔夫球赛从上午11点开始进行，结束后大家洗漱了一番，于下午4点30分左右在球场附近的牛里脊烧烤店开始用餐。郑木英社长将事先购买的香槟保管在饭店内的冰箱里，而且还准备了冰桶。但就在准备用餐之际，在座的一位突然提议喝一杯冰镇啤酒。郑社长有些惊慌，但为了缓和气氛，还是将事先放入冰桶里的香槟取出并说道："今天应该喝点香槟纪念大家相聚的缘分，但在此之前请先享用冰镇啤酒解解渴。"在喝啤酒时气氛很一般，丝毫没有特殊之处，但随着著名的唐•培里侬香槟王的登场，气氛马上开始升温。郑木英社长将香槟熟练地倒入宾客的杯中。以挑剔闻名的来宾当场表达了感激之情："在巴黎居住了3年，但还未曾喝过唐•培里侬香槟王。今日得以品尝，真是三生有幸啊！"郑社长又顺水推舟拿出了西式高级菜品——鹅肝酱罐头请对方品尝。原本鹅肝酱应涂在干面包或饼干上食用，但当时很难找到符合的面包，因此对方提议道："虽然不大合规矩，但既然我们之间如此有缘，就不要过于生分嘛，用勺盛着吃也无妨啊。"随后，大家一边享用与里脊相搭配的三种葡萄酒，一边畅谈起来。郑木英社长在选择与里脊搭配的葡萄酒时，首先考虑到对方对法国比较了解，因此准备了波尔多波仪亚克产特等葡萄园级葡萄酒——都卡斯酒庄葡萄酒以及澳洲产西拉、智利产梅乐等产自不同地域的葡萄酒，宾客们在品尝各地葡萄酒的同时将谈话的热烈气氛推向了高潮，也感到了招待方的诚意。

Advice 点滴诚意可促成商务目标的达成

在可拉近文化距离、凸显人格魅力的葡萄酒礼仪中，只需拿出点滴诚意就能使自己预期的商务目标快速达成。在社会上结识的商务伙伴，彼此间很少能够促膝谈心。但酒往往能够让彼此脱离假惺惺的形式主义，快速直达人心，因此人们常常喜欢用酒拉近彼此间的距离。

从这点上看，高尔夫也有相同的效果。因此，高尔夫与葡萄酒相结合往往能够产生放大效应，取得事半功倍的效果。尤其是与习惯打高尔夫的商务合作伙伴见面时，自然地将葡萄酒与高尔夫进行结合就能取得更好的效果。如果你为学习高尔夫投入了很多精力和财力，那么你就要深刻理解高尔夫文化中蕴含的东西，一旦理解此道，也会更游刃有余地驾驭葡萄酒文化，使两者达到美妙的融合。

Practical Information 葡萄酒商务的七原则

与商务协调者高尔夫类似，葡萄酒商务也存在着通向成功的七个原则。

1. 充分掌握当日要饮用的葡萄酒的特性以及菜品的相关情况。
2. 准备几则与葡萄酒相关的轶事或有趣故事。
3. 额外邀请几名与当日氛围搭调的人一起调动气氛。
4. 认真倾听对方的谈话，使气氛慢慢达到高潮。如果对方是品尝葡萄酒的新手，不能从刚开始就讲与葡萄酒相关的内容。
5. 产生醉意时愉快地结束晚餐，开始洽谈商务。
6. 晚餐或酒宴结束后要做好收尾工作，关于业务洽谈不要苛求得出结果，主要是取得对方积极的回应。
7. 不要让宾客空手而归，将内涵丰富的葡萄酒用精美的礼盒包装后送与对方，这样会让对方的配偶及家人增添对你的好感，增加你在对方心中的感情分。

Business wine for TPO

云中晚餐，
在飞机上体验葡萄酒商务

在繁忙的商务旅行中，别说是适应时差，有时会连喘口气休息的工夫都没有。长时间在飞机上旅行更是一件痛苦的事情，但如果有一瓶美味的葡萄酒相伴那就另当别论了。最近，航空公司开始用提高机餐规格和免费葡萄酒服务等方式相互竞争，还有各种行业协会对此服务进行评价，哪家航空公司的葡萄酒服务获得第几名都会登在各种推荐杂志上。某航空公司还募集志愿者在飞机内享受免费提供的葡萄酒服务，让他们鉴定葡萄酒的品质。这些举措无疑促使飞机内提供的葡萄酒的品质也很优秀。想象一下，坐在飞机上，透过舷窗看着蔚蓝的天空和美妙的天际线，尽情品尝高品质葡萄酒的曼妙旅程，瞬间就会把寂寞的飞行过程转换成既丰盛又舒服的云中晚餐之旅。

Example　杜邦（韩国）公司李昌洙执行理事为葡萄酒忙里偷闲

杜邦（韩国）公司的李昌洙执行理事，整整一年当中停留在韩国的时间只有一个多月，其余时间基本上都在出差去其他亚洲国家的分公司和海外的交易所。在繁忙的商务旅行开始之前，他会利用待在韩国的时候特意来到我的葡萄酒店，为自己选一瓶合适的葡萄酒。令人自豪的是，不仅是李昌洙执行理事，连那些高龄的企业CEO和年轻的企业家们也会为了亲自选一瓶好酒来拜访我的葡萄酒店。他们一边选葡萄酒，一边总结之前的工作，同时让精神得到放松，将大部分的时间用于出差的李昌洙执行理事也不例外。

"因为日程安排紧密，所以我一般坐夜班飞机。上飞机后我会先去刷牙，之后点一瓶上好的红葡萄酒。繁重的工作过后不能像日常一样用眼睛、鼻子、舌头依次慢慢体会葡萄酒的味道，所以我会先小酌一口，用舌头轻轻地感觉单宁酸的苦涩味道，然后把酒吞下，最后享受残留在口腔中的甜美的舌根余味。"

Advice　出差时在飞机上一定要点一瓶目的地国家的葡萄酒

品尝葡萄酒的乐趣在于"慢的美学"。去国外出差时，品尝一杯葡萄酒来忙里偷闲、享受一份惬意是生活的一种乐趣。在飞机上喝葡萄酒还会给你不一样的惊喜。我们比较熟悉的日本索尼公司的董事长出井伸之就以爱好葡萄酒而闻名，他认为喝当地产的葡萄酒对摸清当地情况会有所帮助。可见喝不同地区的葡萄酒对认识各地区的情况，完成一次成功的商务旅行有很大助益。其实，品尝葡萄酒还能了解到葡萄酒生产国的历史、风俗和当地人的性格特征等大量的信息。跟当地的合作伙伴谈生意，不要直接进入主题，先用自己在飞机上喝过的当地葡萄酒来打开话题，可以不经意间制造出愉快的氛围。

Practical Information　具备优秀品质与程序化的机内葡萄酒服务

航空公司不同，提供的葡萄酒品种也大有区别。以大韩航空为例，该航空公司曾获得旅行专业杂志《商务旅行者》评选的"民航领域最佳葡萄酒服务"的殊荣。它在头等舱里提供的葡萄酒有我们熟悉的唐·培里侬香槟王、特级夏布利、肯德杰克逊酒园的红葡萄酒、阿尔萨斯的琼瑶浆、德国精选酒等。餐前还会提供香槟或雪莉酒，餐后提供波特酒来搭配机餐，给人以奢华的享受。

近来，旅客们对葡萄酒的要求不断提高，各航空公司为了争取拿到高品质的葡萄酒，会通过走礼等方式事先预订，还会组织由 10 多名专家组成的葡萄酒评选委员会一起精选葡萄酒。这样选出来的葡萄酒有时会特别出名。例如，驰名韩国的大宝庄园葡萄酒，让它火起来的理由除了适中的价格和易记的名字以外，在喝葡萄酒还不是很流行的 20 世纪 80 年代，大韩航空公司连续 7 年在飞机上提供大宝庄园葡萄酒服务，对此款葡萄酒的出名起到了推波助澜的作用。在机舱内提供的葡萄酒品种根据航空公司不同而有所差别，但基本以法国产的葡萄酒为主，同时也提供目的地国家生产的葡萄酒。

Business wine for TPO

别出心裁的礼物
——葡萄酒

　　送节日礼物，对于商务人士是一件很头痛的事。在限定的预算内挑一件合适的礼物确实很难，所以我在这里建议送葡萄酒。葡萄酒礼盒套装的价格一般在 30～300 美元不等，可以说送葡萄酒是唯一能在各个档次的价位上进行挑选的礼物了。

　　如果对方的履历中有与葡萄酒所含的信息契合的地方，或者葡萄酒的年份与需要恭祝对方达成某件事多少周年的数字相同时，葡萄酒礼物就会发挥出特殊的效果。特别是年份，与其用"葡萄酒酿造的年份"来解释，不如以商务性质的含义来解释，那将会有更好的效果。例如，与生日、结婚纪念日、银婚纪念日、子女生日、公司成立纪念日、大型纪念日等配合灵活运用，可收到特别的惊喜效果。

　　搭配合适的花来装饰葡萄酒礼物，或者附上所送葡萄酒的特别说明（包括葡萄酒的味道、与之相配的美食或者从商标名称和形象得知的实用信息和有趣的故事等），也是不错的送礼方式。

Example 1 韩国贝朗医疗公司金海东社长的葡萄酒礼物附带信

《我的梦想是国际 CEO》的作者、2004 年 10 月成为贝朗公司首位亚太地区会长的金海东社长每年会给客户送 4 瓶葡萄酒，这一传统持续了很多年。因为公司主要销售医疗器械，所以礼物大多是送给医生、相关职业人士和朋友的。他在送礼之前会首先选 10 瓶以上的葡萄酒样品，与下属或者朋友试饮后选择最为满意的葡萄酒。金海东社长的葡萄酒礼物最具特色的部分是随葡萄酒附上的信函，下面是其中一例。根据客户的生活方式选择适合的葡萄酒，再搭配充满感恩的亲笔信，客户们收到如此尽心竭诚的礼物，业务上一定会想通力合作。

December，2002

您好，首先借此信对没有经常登门拜访表示歉意。至今为止，除了送过您一次澳大利亚产的葡萄酒，其余都是法国波尔多葡萄酒。这次我果断选择了法国东部罗讷河地区的贺米达己葡萄酒，俗称"太阳葡萄酒"，请您品鉴。

在这个地区产的葡萄可以充分吸收阳光的滋润，以此葡萄酿出的酒也有"太阳葡萄酒"的美誉。充分吸收阳光的葡萄会散发浓浓的香味，比波尔多、勃艮第的更香醇。这个地区的红葡萄酒品种主要为西拉，富有一股皮革味和焦油味，可谓个性十足，是当之无愧的贵族葡萄品种。

吉佳乐 (E. Guigal) 是北罗讷地区中最为有名的葡萄酒酿酒师，在这一地区经他手酿造的葡萄酒都无愧于世界顶级。特别是在今年，《葡萄酒观察家》评选的百大葡萄酒榜单中，1999 年份吉佳乐世家教皇新堡酒 (E. Guigal，Chateauneuf-du-Pape) 摘得桂冠，1999 年份吉佳乐世家贺米达己 (E. Guigal，Hermitage) 也名列第 38 位。1999 年份的酒不适于今年品尝，成熟度不够，但我刚好购到了 1996 年份吉佳乐世家贺米达己。尽管西拉这一品种过于个性，但我依然大胆向您推荐此款葡萄酒。1996 年份的酒可以在今年享用，也可以保存到 2010 年再品尝。

今年 12 月 10 日的《朝鲜日报》曾称这种葡萄酒含有胡椒的味道，与法式调味烤肉很搭配，味道十分独特，因此用来招待贵宾应该会为您的晚宴增色不少。请尽情享用，一瓶如果还不尽兴请随时联系我，我定会带着更多的葡萄酒去做您的知心酒友！

金海东呈上

Example 2　三星经济研究所姜申章常务所长的葡萄酒礼物附带信

三星经济研究所姜申章常务所长是位有着丰富经营理念的领导者，他为全球 CEO 制作的多媒体信息提供网站 www.sericeo.org，仅一年时间就达到了世界顶级水准。姜申章常务所长是位感性领导者，他很喜欢将葡萄酒当作礼物送与他人。以下是他为了庆祝一位朋友升迁而送去的葡萄酒及所附祝贺信。

尊敬的 ×××专务理事：

您好，最近过得好吗？

我是三星经济研究所的姜申章。

我在得知您晋升的消息后特地写了这封信，并附上"舵手"(Orzada) 葡萄酒。

"Orzada"的本义是"起风时扬帆"，寓意挑战和进取，是有名的智利葡萄酒。

期待它能给您带来更多好运，葡萄酒标签上的海马在挪威象征着长寿，以此祝您健康长寿。

很感谢您一直以来对我们的关心与呵护。

姜申章呈上

Practical Information **准备葡萄酒礼物的窍门**

必须事先做好功课，了解收礼者的葡萄酒知识水准，打探他平时喜欢什么样的葡萄酒，以此选择超出其预期的高档葡萄酒，这样才会事半功倍。诚心诚意固然重要，但所送礼物万一不合收礼者的情趣或口味，或者配不上对方的身份，那么你的葡萄酒礼物反而会成为对方的累赘。比如公司送给顾客的一般性礼物，往往不是为特定顾客准备的，因此会选择统一规格的相同商品。像这种情况，就会出现一个问题，

就是不能满足每个收礼者的独特嗜好。所以在大批量赠送礼品时，应选择一些符合大众口味，能够被普遍接受的种类，送葡萄酒时可以针对收礼者家属或者女主人的口味，选择酒体适中的葡萄酒套装。虽然送2～3瓶的预算经费比较高，但比起只送1瓶，套装更显诚意和气派。大批量选购送礼用的葡萄酒时，只要你细心认真，一样可以挑选出价格低廉但质量很好的礼盒套装。上司、下属或重要顾客升迁时，能够及时为他们庆祝是很重要的商务能力，也是巩固人脉的好机会。

Wine & Story

将葡萄酒年份活用于商务活动

法国前总统希拉克送葡萄酒给英国首相布莱尔的一则轶事体现了年份的重要性。希拉克为了缓解因伊拉克战争导致的英法两国关系疏远的问题，在布莱尔50岁生日之际送了1989年份木桐酒庄(Chateau Mouton Rothschild)葡萄酒。但其年份出了问题。英国媒体称这瓶葡萄酒虽是优质的葡萄酒，但如果送上与布莱尔出生年份相同的1953年份的葡萄酒则更显诚意，借此讥讽希拉克不懂礼仪，显得吝啬。年份是有明确意义的符号，因此我们可以拿来灵活运用。我在某公司创立7周年的特殊日子，出席了有其领导层参加的会议并举办了讲座。我选择了与公司创立年份相同的葡萄酒赠与公司，并身穿一件与公司徽标颜色相同的衣服，得到了在场人士的一致好评，使讲座办得十分成功。

葡萄酒大师的七个忠告
——葡萄酒酒道

1 用鼻子品尝，而不是用嘴

游戏的人 葡萄酒要先品尝它的色与香，之后再品尝它的味。荷兰的文学史学者赫伊津提倡"游戏的人"，推翻了"文化是游戏的上位概念"这一见解，称文化本身是从游戏发展而来的。葡萄酒也可佐证此观点，即在饮酒玩乐的过程中渐渐形成饮酒文化，而不是从饮酒文化延伸出饮酒游戏。因此，葡萄酒不是单纯的饮用酒，而是重在享受品酒的过程。本书第一章也提到过，品酒的过程会自然而然成为一种文化，即形成一种饮酒礼仪，这是葡萄酒首屈一指的创造。

我们通常把味和香区别看待，其实这是不正确的。虽说使用舌头尝味，但其实尝味之前闻香才是第一感觉。在鼻子不通气，或者闻不到味道时我们往往品不出味道的原因也在于此。生物学家称气味是人的第一感而且非常有用。从进化的角度看，大脑是由建立在神经之上的嗅觉组织发展而来的。我们在闻气味时，通过发散联想的能力能够唤起之前的回忆。实际上，气味是最能直接将感觉传递到大脑的媒介，因此当你想要记住某件事物时，如果能够一同记下附带的气味，可以让记忆更加牢固。

所以说，葡萄酒并非是用嘴来品尝，而是用鼻子"喝"的，应该用鼻子感觉香气，这不仅符合"游戏的人"这一理论，而且可以帮助我们准确记住各色葡萄酒。感觉并非与生俱来，是要靠大脑不断学习、不断熟记之后，经历温习和记忆的过程，最后固化成一种感觉供大脑随时提取的。这一智力过程是靠嗅觉和大脑的相互作用形成的。真正享受葡萄酒的方式就是通过游戏自然而然地汲取文化，这一过程主要靠的就是鼻子。

2 感觉葡萄酒不再散发出香气时，可通过摇晃重新唤出香气

从零出发　葡萄酒需要慢慢品鉴，因此喝完一瓶葡萄酒往往是一场拉锯战。许久沉浸在杯子里的葡萄酒往往散发不出初次品味时的香味，这时候，葡萄酒爱好者会摇一摇杯子后再品尝，这是为了重新唤起葡萄酒的香气。这个过程让我们联想到"零知识思考方式"，即当发生问题的时候要打破现有的思考模式，重新回到原点考虑问题，就是所谓的"back to the basic"。这样能超越思考的极限，不再以某个角度、某个结论来左右自己。随着时间的推移，葡萄酒的香味会渐渐产生变化，商务环境亦是如此。这时重新回到原点，在一张白纸上思考问题是非常重要的。感觉葡萄酒不再散发出最初的香味时，请摇一摇酒杯，重新唤起香气后再品尝，这适用于葡萄酒，更适用于开创事业。

3 香槟、白葡萄酒需要用均衡的温度精心呵护

知识浅薄容易毁掉一瓶葡萄酒　冰桶也分上、下两个部分。调整香槟或白葡萄酒温度的时候，应该用正着瓶口、倒着瓶口两种方式反复放进冰桶，让整个酒瓶达到均衡的温度。如果不这样做，会出现瓶子上、下部分温度不一致的情况，下边冰凉，上面微温。这种情况十分容易发生，从另一个侧面告诫我们，浅薄的葡萄酒知识或许会毁掉一瓶上好的葡萄酒。一些人自认为自己是葡萄酒专家，能说出一大堆理论，但常常将葡萄酒一口闷掉或者不考虑温度均衡的问题，不知不觉就出了洋相。将葡萄酒放在冰桶中时要保持上、下温度均衡，在品葡萄酒时也要保持一贯的绅士风度。对葡萄酒的了解不能只是夸夸其谈，做人同样要保持外表与内心的统一。

4 对方的白葡萄酒不够凉时应果断处理

用换位思考的精神实践体谅对方的态度　这是从孟子的"易地思之"的思想中得到的灵感。对葡萄酒而言，关怀对方的方式是让对方在合适的温度下饮用葡萄酒。无汽的啤酒、无汽的可乐难以下咽，对于白葡萄酒同样如此，温度是它的生命，酒温不适合就难以品出个中滋味。对方杯中的葡萄酒因放置时间太久而不够凉时该怎么办？这时就应该用易地思之的精神实践"you attitude"这一原则。把那些温度不够凉的葡萄酒放入冰桶，重新恢复凉爽的口感；或者直接换一杯新的葡萄酒，让对方重新品尝。也就是说，让对方品尝到状态最佳的葡萄酒。

5 对方有意举杯时，请主动回应

不要让对方像个酒鬼　葡萄酒是懂得关怀对方的酒，因此当对方有举杯之意时，你也应该主动作出回应，这是基本礼貌，从中也可以看出奠定法国社会基础的"宽容"(tolerance) 精神。"tolerance"指的是对个性的尊重，认可对方，哪怕对方和我的想法不一致。民主代表着容忍多样性共存，因此"tolerance"精神在当今社会显得格外有意义。进一步说，葡萄酒是享受彼此交流的酒，因此"tolerance"精神已经深深扎根于葡萄酒饮酒艺术当中。跟对方一起举杯可以让对方不至于陷入像个酒鬼一样的尴尬，也是尊重对方的表现，同时无形中向对方传递了"tolerance"精神。

波尔多葡萄酒联合会（CIVB/A. Benoit）提供

6 当女士有意举杯时，应该无条件附和

绅士的责任 这是在"tolerance"精神上进一步发展出的境界。享受葡萄酒的时候要加倍关心女性的感受，这是作为一名绅士的责任。我们通常用"地位高则责任重"(noblesse oblige)表示上层人物都应该以高尚的方式行事。如果"贵族"(noblesse)有自己的"责任"(oblige)，那么绅士也应有自己的责任。要想成为全球领导者，必须要有绅士精神。在这里所指的"绅士"意味着无条件贯彻"女士优先"的原则。男士举杯的时候你应当自觉举杯，如果女士主动邀请，你更应该无条件附和，这就是绅士的责任。

7 想再喝一点却发现自己的杯子已经空掉时

一石二鸟的智慧，采取明智之举应对 想再喝一点葡萄酒，但发现自己的杯子已经空掉时该怎么办呢？抛开礼仪不说，这也是一个心理学问题，并且关系到为人处世的方法。遇到这种情况时，我们可以首先判断这是对方的失误，对方没有考虑周到，缺乏应有的绅士风度，本应及时续杯却没那么做。那么，我们只能隐忍对方的行为吗？在韩国，有很多人习惯自己给自己倒酒，但这样的举动不太雅观，像是个酒鬼，容易被对方嘲笑。这时，我们可以先问旁人是否想再喝一点，而后给对方倒酒。即使对方表示不想再喝酒，但在对方眼中你已经是一位以礼待人的绅士了。给对方倒完酒后再给自己倒酒，这样就能显示出一种从容和自然的智慧，别人也会觉得你是一个十分讲究的文雅之人。这种处理方式并不难学，并非葡萄酒知识或要上升到哲学的深奥理论。简单的举动就可以喝上自己喜欢的葡萄酒，还能给别人留下好印象，这就叫作一石二鸟。心急吃不了热豆腐，做事不能冲动，要学会见机行事、顺水推舟。知识和经验固然重要，但灵活性和理性处理才是应付困难局面的关键因素，这是所罗门教给我们的智慧。

致谢

非常感谢在本书出版之前从物质和精神上给予我帮助的各界人士，借此机会向他们表达诚挚的谢意。

感谢成道资源社社长杨俊浩先生、"标准法律"金灿振先生、三星电子副会长李允佑先生、贝朗亚太区会长金海东先生、日知贸易社长郑木英先生、杜邦（韩国）公司的李昌洙执行理事，感谢你们一直以来为我提供各种各样的葡萄酒商务实战案例。

感谢一直为我提供摄影支持的韩国顶级酒店新罗酒店的李万寿总经理、梦想成真组的李善美女士、任世顺次长、范斗振科长，以及在我做葡萄酒讲座的时候用实力与关怀为我提供完美服务的年会团队、负责23层业务的小组和迎宾小组。

感谢韩国SOPEXA（法国农作物振兴会）的任明淑科长和郑石英先生，以及波尔多葡萄酒协会、罗讷葡萄酒协会、阿尔萨斯葡萄酒协会、普罗旺斯葡萄酒协会为我提供照片，大幅提升了本书的美观性。

感谢为我提供各种资料并分享经验的安京焕先生、法国驻韩国大使馆的常务大使、葡萄酒旅行社金革先生、大韩航空方振石部长、孙振虎教授以及葡萄酒专业网站和杂志leseoul.com、wine21.com、bestwine.co.kr、winenara.com、wine.co.kr、《葡萄酒评论》、《侍酒师》的各位专业人士。

特别感谢为本书提供灵感的三星经济研究所"为全球CEO设计的葡萄酒文化"课程的负责人姜申章常务所长、车英美代理，还有为我举办葡萄酒讲座提供帮助的韩国各界人士及"国家食品"负责人李淮翔总经理、现场工作人员、提供葡萄酒与食物的小哈瓦那相关人士。

感谢参加三星经济研究所"为全球 CEO 设计的葡萄酒文化"课程一期、二期、三期的很多人士，你们作为全球模范领袖，为我提供了悉心的指导。让我又爱又充满敬意的丈夫郑东熙、可爱的两个儿子、全力支持儿媳妇的公公婆婆、一直对我给予鼓励和帮助的弟弟妹妹、帮助我走向葡萄酒学习之路的父母，感谢你们！

此外，非常感谢 Cep D'or 的职员及其家属和 Cep D'or 的顾客们。

在完成稿子的收尾工作时，为我提供可以俯瞰清平湖的房屋及美味食物的朴尹植社长、金雄日博士以及清平湖的工作人员，谢谢你们！

正如原本涩涩的单宁经过长时间的发酵升华为细腻的葡萄酒一样，我仿佛也在经历此种成熟的过程。最后，再一次用我诚挚的心意，感谢给予我爱与信任的所有朋友，是你们成就了这本书！

图书在版编目（CIP）数据

葡萄酒商务礼仪一本通 /（韩）金基财著；李香善译. —杭州：浙江科学技术出版社，2015.9
（轻松学喝葡萄酒）
ISBN 978-7-5341-6390-6

Ⅰ.①葡… Ⅱ.①金… ②李… Ⅲ.①葡萄酒-基本知识 ②商务-礼仪-基本知识 Ⅳ.①TS262.6 ②F718

中国版本图书馆CIP数据核字（2014）第295752号

"Wine Guide for Business Success" by Kim Ki Jae
Copyright © 2004 Kim Ki Jae
All rights reserved.
Originally Korean edition published by Nexus Ltd.
The Simplified Chinese Language edition © 2015 Zhejiang Science & Technology Publishing House
The Simplified Chinese translation rights arranged with NEXUS Co., Ltd. through EntersKorea Co., Ltd., Seoul, Korea.

丛 书 名	轻松学喝葡萄酒
书 名	葡萄酒商务礼仪一本通
著 者	（韩）金基财
译 者	李香善
审核登记号	图字：11-2012-65号
出 版 发 行	浙江科学技术出版社
网 址	www.zkpress.com
	地址：杭州市体育场路347号 邮政编码：310006
	联系电话：0571-85058048
排 版	杭州兴邦电子印务有限公司
印 刷	浙江新华印刷技术有限公司
开 本	710×1000 1/16 印 张 13.5
字 数	186 000
版 次	2015年9月第1版 印 次 2015年9月第1次印刷
书 号	ISBN 978-7-5341-6390-6 定 价 48.00元

版权所有 翻印必究
（图书出现倒装、缺页等印装质量问题，本社负责调换）

责任编辑 梁 峥 责任校对 赵 艳 责任印务 徐忠雷